全国技工院校市场营销专业（高级技能层级）
全国高等职业学校市场营销专业

基础会计
（非会计专业）
（第二版）习题册

中国劳动社会保障出版社

简介

本习题册与全国技工院校、全国高等职业学校市场营销专业教材《基础会计（非会计专业）(第二版)》配套使用。习题册按教材章节的顺序编写，包括填空题、选择题、判断题、思考题、综合应用题等，题型丰富，难易适中，供学生课后练习使用。

本习题册配有参考答案，可通过职业教育教学资源和数字学习中心（http://zyjy.class.com.cn）免费下载。

本习题册由赵秀云主编。

图书在版编目(CIP)数据

基础会计（非会计专业）(第二版）习题册/赵秀云主编. -- 北京：中国劳动社会保障出版社，2018

全国技工院校市场营销专业. 高级技能层级　全国高等职业学校市场营销专业

ISBN 978-7-5167-3430-8

Ⅰ.①基…　Ⅱ.①赵…　Ⅲ.①会计学-高等职业教育-习题集　Ⅳ.①F230-44

中国版本图书馆 CIP 数据核字(2018)第 161445 号

中国劳动社会保障出版社出版发行

(北京市惠新东街 1 号　邮政编码：100029)

*

北京市科星印刷有限责任公司印刷装订　　新华书店经销

787 毫米×1092 毫米　16 开本　5.5 印张　124 千字

2018 年 8 月第 1 版　　2024 年12月第 7 次印刷

定价：11.00 元

营销中心电话：400-606-6496

出版社网址：http://www.class.com.cn

http://jg.class.com.cn

目 录 CONTENTS

模块一　会计基础知识

任务 1　初识会计

一、填空题（请将正确答案填在空白处）

1. 会计以________为主要计量单位。

2. 会计具有多种职能，但________和________________职能是会计的两大基本职能。

3. 会计方法包括________________、________________和________________三种。

4. 会计的六大要素包括__________、__________、__________、__________、__________和__________。

5. 资产按照流动性可分为____________和____________。

6. 所有者权益是指企业__________扣除__________后由所有者享有的剩余权益，又称__________。

7. 负债按照流动性可分为____________和____________。

8. 收入按照日常活动中所处的地位不同可分为______________和____________。

二、选择题（请在下列选项中选择一个正确答案并填在括号内）

1. 对单位所发生的经济业务进行全面、连续、系统的记录和计算，为经营管理提供必要的信息所应用的方法是（　　）。

A. 会计检查方法　B. 会计核算方法　C. 会计分析方法　D. 会计监督方法

2. 会计对经济活动的反映主要是从（　　）方面进行的。

A. 价值量　B. 实物量　C. 数量　D. 劳动量

3. 资产是企业拥有或控制的资源，该资源预期会给企业带来（　　）。

A. 经济利益　B. 经济资源　C. 经济效果　D. 经济效益

4. 所有者权益是企业所有者在企业资产中享有的经济利益，在数量上等于（　　）。

A. 全部资产减去全部所有者权益　B. 全部资产减去流动负债

C. 企业的新增利润　D. 全部资产减去全部负债

5. 经济业务发生仅涉及资产这一会计要素时，只引起该要素中某些项目发生（　　）变动。

A. 同增　　B. 同减　　C. 一增一减　　D. 不增不减

6. 引起资产和负债同时增加的业务是（　　）。

A. 从银行提取现金　　B. 从银行借款存入银行

C. 用银行存款上缴税金　　D. 用银行存款支付前欠购货款

7. 下列引起所有者权益总额增加的情况是（　　）。

A. 资产与负债同增　　B. 资产与负债同减

C. 资产增加、负债减少　　D. 资产减少、负债增加

8. 流动资产是指其变现或耗用期在（　　）。

A. 一年以内

B. 一个营业周期内

C. 一年以内或超过一年的一个营业周期内

D. 超过一年的一个营业周期内

9. 企业向银行借入短期借款，用来归还应付账款，引起该企业（　　）。

A. 资产项目和所有者权益项目同金额增加

B. 资产项目和所有者权益项目同金额减少

C. 资产项目之间有增有减，增减金额相等

D. 负债项目之间有增有减，增减金额相等

10. 经济业务发生后，会计等式的平衡关系（　　）。

A. 可能会受影响　　B. 必然不受影响　　C. 必然受影响

11. 引起资产内部一个项目增加，另一个项目减少，而资产总额不变的经济业务是（　　）。

A. 用银行存款偿还短期借款

B. 收到投资者投入的机器一台

C. 收到外单位前欠货款

D. 支付前欠货款

12. 企业用借款直接偿还应付购货款，属于（　　）。

A. 资产项目和所有者权益项目同增

B. 负债项目之间此增彼减

C. 资产项目和所有者权益项目同减

D. 资产项目之间此增彼减

三、判断题（判断正误并在括号内填√或×）

1. 会计计量单位只有一种，即货币计量。（　　）

2. 会计监督有监督经济活动的合法性和合理性两个方面，它是进行会计核算的前提。（　　）

3. 会计的方法就是会计核算的方法。（　　）

4. 会计核算的各种专门方法在会计核算过程中应单独运用，互不相干。（　　）

5. 会计要素是对会计核算对象的基本分类。（　　）

6. 资产是指由过去的交易、事项形成并被企业拥有或者控制的资源。（　　）

7. 费用是指企业在日常活动中发生的、会导致所有者权益减少的、与向所有者分配利润无关的经济利益的总流出。（　）

8. 利润是指企业在一定会计期间的经营成果，利润包括收入减去费用后的净额、直接计入当期利润的利得和损失等。（　）

9. 为保持会计等式的平衡，一项资产的增加必然会使一项负债增加。（　）

10. 企业在生产经营活动中，发生的各种经济业务会引起会计要素的增减变动，但无论会计要素发生怎样的变动，会计等式是不会变的。（　）

四、综合应用题

1. 伟斯加公司月末各项目余额如下：

（1）银行存款 120,000 元。

（2）投资者投入资本 7,000,000 元。

（3）向银行借入三年期的借款 560,000 元。

（4）出纳处存放现金 1,500 元。

（5）向银行借入一年期的借款 540,000 元。

（6）库存的原材料 520,000 元。

（7）应付外单位货款 80,000 元。

（8）机器设备价值 2,500,000 元。

（9）房屋及建筑物价值 419,000 元。

（10）库存产成品 190,000 元。

（11）应收外单位货款 100,000 元。

（12）以前年度尚未分配的利润 750,000 元。

（13）正在加工中的产品 79,500 元。

（14）对外长期股权投资 5,000,000 元。

要求：

（1）判断上列资料中各项目的类别（资产、负债、所有者权益），并将各项目金额填入下表。

（2）计算表内资产总额、负债总额、所有者权益总额，并检验是否符合会计基本等式。

项　目	金　额		
	资　产	负　债	所有者权益

续表

项　目	金　额		
	资　产	负　债	所有者权益
合　计			

2. 美达公司2016年期初及期末的资产总额及负债总额见下表。

单位：元

项　目	期　初	期　末
资产	800，000	900，000
负债	200，000	100，000

要求：根据下列三种情况，分别计算该公司本年度的有关数据。

（1）本年度股东投资不变，销售费用为50,000元，则本年度利润和营业收入各是多少？

（2）年度中增加投资60,000元，利润是多少？

（3）年度中曾收回投资10,000元，但又增加投资40,000元，利润是多少？

3. 假设某企业 2016 年 12 月 31 日的资产、负债和所有者权益的状况见下表。

资产	金额（元）	负债及所有者权益	金额（元）
现　金	1,000	短期借款	10,000
银行存款	27,000	应付账款	32,000
应收账款	35,000	未交税金	70,000
材　料	52,000	长期借款	B
长期投资	A	实收资本	240,000
固定资产	200,000	资本公积	23,000
合　计	375,000	合　计	C

要求：根据上表回答下列问题。

（1）表中应填的数据为：

A________　B________　C________

（2）计算该企业的流动资产总额。

（3）计算该企业的负债总额。

（4）计算该企业的所有者权益总额。

4. 吕微和黄珊是高中同学，两人开办了一家面包店。他们是学计算机专业的，因认为只要采用复式记账的记录方法就不会出现错误，于是设计了一个用来记录交易的系统。下面所列的是本月所发生的一些交易：

（1）收到商品的订单，当货物发出后将收到 1,000 元。

（2）发出一份商品订单，订购价值 600 元的商品。

（3）将货物运送给顾客并收到 1,000 元。

（4）收到所订的货物并支付 600 元现金。

（5）用现金支付银行 400 元的利息。

（6）赊购 6,000 元的设备。

吕微和黄珊对以上业务进行的记录见下表。

资产＝		负债+所有者权益		+（收入-费用）	
收到商品订单	1,000			销售	1,000
发出订购商品的订单	600			存货支出	-600
现金	1,000				
将货物发运给顾客	-1,000				
收到所订的商品	600	应付账款	-600		
支付现金	400			利息支出	-400
赊购设备		应付账款	6,000	设备支出	-6,000

要求：解释并改正他们在记录中的错误。

任务 2　账户的设置

一、填空题（请将正确答案填在空白处）

1. 会计科目是________、________、________和________的基础。

2. 在设置会计科目过程中，主要应遵循________、________、________原则。

3. 会计科目按其反映经济内容的不同，可分为________、________、________、________、________、________。

4. 会计科目按其所提供信息的详细程度，可分为________、________。

5. 我国会计科目的编号一般采用________编号法。

6. 账户是根据________开设的，具有一定的________，用于分类反映________增减变动及其结果的一种工具。

7. 账户按其提供信息的详细程度不同，可分为________和________。

8. 根据账户所反映的经济内容，可将其分为________、________、________、________、________和________六类。

二、选择题（请在下列选项中选择一个正确答案并填在括号内）

1. 会计科目是（　　）。
A. 会计要素的名称　　B. 会计报表的名称
C. 账簿的名称　　D. 账户的名称
2. 设置会计科目要保持（　　）。
A. 永久性　　B. 唯一性　　C. 全面性　　D. 相对稳定性
3. 以下各项目中属于资产的是（　　）。
A. 短期借款　　B. 存货　　C. 实收资本　　D. 应付利润
4. 以下各项目属于会计科目的是（　　）。
A. 应收购货单位款项　　B. 应付销货单位款项
C. 材料采购　　D. 投入资本
5. 会计账户的基本结构分左右两方，其基本依据是（　　）。
A. 便于登记收支业务　　B. 借贷原理
C. 收付原理　　D. 资金在运动中量的增加和减少
6. 企业的会计科目必须反映（　　）的特点。
A. 会计职能　　B. 会计本质　　C. 会计对象　　D. 会计方法
7. 账户的哪一方记增加，哪一方记减少，主要取决于账户的（　　）。
A. 经济内容　　B. 用途　　C. 结构　　D. 格式
8. 下列各项不属于会计科目的是（　　）。
A. 所有者权益　　B. 所得税费用　　C. 坏账准备　　D. 应收票据
9. 下列属于负债类账户的是（　　）。
A. 应收账款　　B. 预收账款　　C. 交易性金融资产　　D. 其他应收款
10. 下列属于成本类账户的是（　　）。
A. 生产成本　　B. 主营业务成本　　C. 其他业务成本　　D. 营业外支出
11. 账户是依据（　　）开设的。
A. 会计要素　　B. 会计科目　　C. 会计账簿　　D. 会计准则

三、判断题（判断正误并在括号内填√或×）

1. 所有总分类账户都要设置明细分类账户。（　　）
2. 所有的账户都是依据会计科目开设的。（　　）
3. 所有账户的左边均记录增加额，右边均记录减少额。（　　）
4. 账户是根据会计对象开设的。（　　）
5. 账户发生额试算平衡是根据“资产=负债+所有者权益”确定的。（　　）
6. 会计科目是对会计对象进行分类核算的项目。（　　）
7. 会计科目与会计账户含义相同，两者没有什么区别。（　　）
8. 账户具体表现形式是一种具有一定格式和结构的表格。（　　）
9. 企业应根据国家财政部制定的会计制度的统一规定设置会计科目。（　　）

10. 会计科目是账户的名称，账户是按照会计科目设置的。（ ）

11. 负债及所有者权益类账户的结构应与资产类账户的结构一致。（ ）

12. 所有资产类账户期末余额一定都在借方。（ ）

13. 会计等式揭示了会计要素之间的联系，因而成为复式记账、会计报表等会计核算方法建立的理论依据。（ ）

14. 不论发生什么样的经济业务，会计等式的平衡关系都不会被打破。（ ）

15. 所有账户的本期借方发生额合计与贷方发生额合计是相等的。（ ）

16. 所有经济业务的发生都会引起会计等式两边同时发生变化。（ ）

17. 资产与所有者权益在总金额上是一种必然相等的关系。（ ）

18. 一般而言，各类账户的期末余额与记录增加额的一方都在同一方。（ ）

四、综合应用题

某企业在日常会计处理过程中，经常使用以下会计科目：

银行存款	实收资本	材料采购	原材料	制造费用
应付账款	应收账款	生产成本	库存商品	主营业务收入
主营业务成本	短期借款	固定资产	累计折旧	库存现金
财务费用	销售费用	所得税费用	利润分配	盈余公积
预收账款	管理费用			

要求：请将上列会计科目分别归于某一类。

任务3　会计分录的编制

一、填空题（请将正确答案填在空白处）

1. ________是对每项经济业务只在一个账户中进行登记的方法；________是对发生的每一项经济业务都以相等的金额，同时在相互联系的两个或两个以上账户进行登记的方法。

2. 在复式记账法中，由于采用的记账符号和记账规则不同，可分为________、________、________。

3. 借贷记账法以“借”“贷”为记账符号，对每一笔经济业务，都要在______或账户中以借贷相等金额进行登记的一种复式记账方法。

4. 借贷记账法的记账规则为______________________________。

5. 试算平衡具体包括__________和__________两种方法。

6. 会计分录，就是依据借贷记账法的________对经济业务列示应借应贷________及________的一种书面记录，简称分录。

7. 按照所涉及账户的多少，会计分录分为__________和__________。

二、选择题（请在下列选项中选择一个正确答案并填在括号内）

1. 借贷记账法是以借、贷作为（　　）。
A. 记账依据　　B. 记账基础　　C. 记账规则　　D. 记账符号

2. 复式记账法对每项经济业务都以相等的金额，在（　　）中进行登记。
A. 两个或者两个以上账户　　B. 两个账户
C. 一个账户　　D. 一个或者一个以上账户

3. 在借贷记账法下，期末结账后，一般没有余额的账户是（　　）。
A. 资产账户　　B. 费用账户　　C. 负债账户　　D. 所有者权益账户

4. 在借贷记账法下，资产类账户的期末余额等于（　　）。
A. 期初贷方余额+本期贷方发生额-本期借方发生额
B. 期初借方余额+本期贷方发生额-本期借方发生额
C. 期初借方余额+本期借方发生额-本期贷方发生额
D. 期初贷方余额+本期借方发生额-本期贷方发生额

5. 资产类账户的期末余额一般在（　　）。
A. 借方　　B. 借方或贷方　　C. 贷方　　D. 借方和贷方

6. 预收购货单位预付的购买产品款，应看作（　　）加以确认。
A. 资产　　B. 负债　　C. 所有者权益　　D. 收入

7. 复合会计分录是指（　　）。
A. 一借一贷的分录　　B. 一贷一借的分录
C. 一借多贷的分录　　D. 按复式记账要求编制的分录

8. 在借贷记账法下，为保持账户之间清晰的对应关系，不宜编制（　　）的会计分录。
A. 一借一贷　　B. 多借一贷　　C. 一借多贷　　D. 多借多贷

9. 收到投资者投资，存入银行，根据借贷记账法编制会计分录时，贷方所涉及的账户是（　　）。
A. 银行存款账户　　B. 实收资本账户　　C. 长期投资账户　　D. 长期借款账户

10. 借贷记账法发生额试算平衡法试算平衡的依据是（　　）。
A. 会计等式　　B. 资金变化业务类型
C. 借贷记账规则　　D. 平行登记

11. 借贷记账法余额试算平衡法的依据是（　　）。
A. 借贷记账规则　　B. 借贷账户结构　　C. 平行关系　　D. 会计等式

12. 收入类账户的结构与所有者权益类账户的结构（　　）。

A. 一致　　B. 无关　　C. 相反　　D. 基本相同

13. 借贷记账法的余额试算平衡公式是（　　）。

A. 每个账户借方发生额＝每个账户贷方发生额

B. 全部账户本期借方发生额合计＝全部账户本期贷方发生额合计

C. 全部账户期末借方余额合计＝全部账户期末贷方余额合计

D. 每个账户期末借方余额＝每个账户期末贷方余额

三、判断题（判断正误并在括号内填√或×）

1. “借”“贷”二字不仅是记账符号，其本身的含义也应考虑，“借”只能表示债权的增加，“贷”只能表示债务的增加。（　　）

2. 对于不同性质的账户，借贷的含义有所不同。（　　）

3. 借贷记账法下账户的基本结构是：每一个账户的左边均为借方，右边均为贷方。（　　）

4. 负债及所有者权益类账户的结构应与资产类账户的结构一致。（　　）

5. 借贷记账法的要求是：如果在一个账户中记借方，在另一个或几个账户中则一定记贷方。（　　）

6. 发生额试算平衡是根据“有借必有贷，借贷必相等”的记账规则，检查账户发生额记录是否正确的方法。（　　）

7. 借贷方向相反可以通过试算平衡查找出来。（　　）

8. 账户余额试算平衡是根据“资产＝负债+所有者权益”确定的。（　　）

9. 根据试算平衡结果发现借贷是平衡的，可以肯定记账没有错误。（　　）

10. 由于总分类账户既能提供总括核算指标，又能提供详细核算指标，因此是十分重要的账户。（　　）

11. 复式记账法下，账户记录的结果可以反映每一项经济业务的来龙去脉。（　　）

12. 采用借贷记账法，每发生一笔经济业务必定要在两个账户中同时登记。（　　）

四、综合应用题

1. 某国有企业精减人员，对职工李青华来说，有三条出路可供选择：

• 继续在原单位工作，年收入 36,000 元。

• 下岗，原单位给一半的工资，但某快餐厅愿以每月 1,800 元的工资待遇聘请他。

• 辞职，搞个体经营。

经过思考，李青华决定自己投资 50,000 元开办一家酒吧。

下面是该酒吧开业一个月的经营情况：

（1）预付半年房租 30,000 元。

（2）购入各种饮料 6,000 元，本月耗用其中的一半。

（3）支付雇员工资 3,000 元。

（4）支付水电费 1,000 元。

（5）获取营业收入 20,000 元。

要求：请根据上述资料评价李青华的选择是否正确，为什么？

2. 根据下列的经济业务编制会计分录，并编制发生额试算平衡表。

（1）从银行提取现金 2,000 元。

记　账　凭　证

年　月　日　　　　第　号

摘　要	总账科目	明细科目	借方金额									贷方金额									√
			百	十	万	千	百	十	元	角	分	百	十	万	千	百	十	元	角	分	
附件　张	合　计																				

会计主管：　　会计：　　记账：　　审核：　　制单：

（2）向银行借入临时借款 1,500,000 元，偿还所欠货款。

记　账　凭　证

年　月　日　　　　第　号

摘　要	总账科目	明细科目	借方金额									贷方金额									√
			百	十	万	千	百	十	元	角	分	百	十	万	千	百	十	元	角	分	
附件　张	合　计																				

会计主管：　　会计：　　记账：　　审核：　　制单：

（3）销售产品17,000元，货款存入银行（考虑增值税）。

记 账 凭 证

年 月 日 第 号

摘 要	总账科目	明细科目	借方金额									贷方金额									√
			百	十	万	千	百	十	元	角	分	百	十	万	千	百	十	元	角	分	
附件 张	合 计																				

会计主管： 会计： 记账： 审核： 制单：

（4）投资者追加投资50,000元，存入银行。

记 账 凭 证

年 月 日 第 号

摘 要	总账科目	明细科目	借方金额									贷方金额									√
			百	十	万	千	百	十	元	角	分	百	十	万	千	百	十	元	角	分	
附件 张	合 计																				

会计主管： 会计： 记账： 审核： 制单：

（5）收回前欠货款230,000元，存入银行。

记 账 凭 证

年 月 日 第 号

摘 要	总账科目	明细科目	借方金额									贷方金额									√
			百	十	万	千	百	十	元	角	分	百	十	万	千	百	十	元	角	分	
附件 张	合 计																				

会计主管： 会计： 记账： 审核： 制单：

（6）购进货物 3,500 元，货款暂欠。

记 账 凭 证

年　月　日　　　　第　号

摘　要	总账科目	明细科目	借方金额									贷方金额									√
			百	十	万	千	百	十	元	角	分	百	十	万	千	百	十	元	角	分	
附件　张	合　计																				

会计主管：　会计：　记账：　审核：　制单：

（7）某职工借款 5,000 元作为暂借差旅费。

记 账 凭 证

年　月　日　　　　第　号

摘　要	总账科目	明细科目	借方金额									贷方金额									√
			百	十	万	千	百	十	元	角	分	百	十	万	千	百	十	元	角	分	
附件　张	合　计																				

会计主管：　会计：　记账：　审核：　制单：

编制发生额试算平衡表。

发生额试算平衡表

单位：元

会计科目	借方发生额	贷方发生额
库存现金		
银行存款		
应收账款		
材料采购		
其他应收款		
应付账款		
长期借款		

续表

会计科目	借方发生额	贷方发生额
实收资本		
主营业务收入		
合计		

3. 士达公司 2016 年 6 月初有关账户的余额见下表。

单位：元

资　产	金　额	负债及所有者权益	金　额
现　金	1,500	短期借款	195,000
银行存款	45,000	应付账款	142,500
原材料	90,000	应交税费	9,000
应收账款	47,700	长期借款	186,000
库存商品	60,000	实收资本	304,200
生产成本	22,500	资本公积	140,000
长期投资	180,000	盈余公积	70,000
固定资产	600,000		
合　计	1,046,700	合　计	1,046,700

要求：根据以下资料编制会计分录，并编制余额试算平衡表。

（1）购进机器设备一台，价值 100,000 元，以银行存款支付。

记 账 凭 证

年　月　日　　　　第　　号

摘　要	总账科目	明细科目	借方金额									贷方金额									√
			百	十	万	千	百	十	元	角	分	百	十	万	千	百	十	元	角	分	
附件　张	合　计																				

会计主管：　　会计：　　记账：　　审核：　　制单：

（2）用现金 1,000 元购买办公用品。

记　账　凭　证

年　　月　　日　　　　　　　　　　　　　第　　号

摘　要	总账科目	明细科目	借方金额									贷方金额									√
			百	十	万	千	百	十	元	角	分	百	十	万	千	百	十	元	角	分	
附件　张	合　计																				

会计主管：　　会计：　　记账：　　审核：　　制单：

（3）投资者投入企业原材料一批，作价 20,000 元。

记　账　凭　证

年　　月　　日　　　　　　　　　　　　　第　　号

摘　要	总账科目	明细科目	借方金额									贷方金额									√
			百	十	万	千	百	十	元	角	分	百	十	万	千	百	十	元	角	分	
附件　张	合　计																				

会计主管：　　会计：　　记账：　　审核：　　制单：

（4）生产车间向仓库领用材料一批，价值 40,000 元，投入生产。

记　账　凭　证

年　　月　　日　　　　　　　　　　　　　第　　号

摘　要	总账科目	明细科目	借方金额									贷方金额									√
			百	十	万	千	百	十	元	角	分	百	十	万	千	百	十	元	角	分	
附件　张	合　计																				

会计主管：　　会计：　　记账：　　审核：　　制单：

（5）以银行存款22,500元偿还应付供货单位货款。

记 账 凭 证

年 月 日 第 号

摘要	总账科目	明细科目	借方金额									贷方金额									√
			百	十	万	千	百	十	元	角	分	百	十	万	千	百	十	元	角	分	
附件 张	合计																				

会计主管： 会计： 记账： 审核： 制单：

（6）向银行取得长期借款150,000元，存入银行。

记 账 凭 证

年 月 日 第 号

摘要	总账科目	明细科目	借方金额									贷方金额									√
			百	十	万	千	百	十	元	角	分	百	十	万	千	百	十	元	角	分	
附件 张	合计																				

会计主管： 会计： 记账： 审核： 制单：

（7）以银行存款上交所得税9,000元。

记 账 凭 证

年 月 日 第 号

摘要	总账科目	明细科目	借方金额									贷方金额									√
			百	十	万	千	百	十	元	角	分	百	十	万	千	百	十	元	角	分	
附件 张	合计																				

会计主管： 会计： 记账： 审核： 制单：

（8）收到捐赠人赞助现金 5,000 元。

记 账 凭 证

年 月 日 第 号

摘 要	总账科目	明细科目	借方金额									贷方金额									√
			百	十	万	千	百	十	元	角	分	百	十	万	千	百	十	元	角	分	
附件 张	合 计																				

会计主管： 会计： 记账： 审核： 制单：

（9）收到购货单位前欠货款 18,000 元，其中 16,000 元存入银行，其余部分收到现金。

记 账 凭 证

年 月 日 第 号

摘 要	总账科目	明细科目	借方金额									贷方金额									√
			百	十	万	千	百	十	元	角	分	百	十	万	千	百	十	元	角	分	
附件 张	合 计																				

会计主管： 会计： 记账： 审核： 制单：

（10）以银行存款 48,000 元，归还银行短期借款 20,000 元和应付购货单位账款 28,000 元。

记 账 凭 证

年 月 日 第 号

摘 要	总账科目	明细科目	借方金额									贷方金额									√
			百	十	万	千	百	十	元	角	分	百	十	万	千	百	十	元	角	分	
附件 张	合 计																				

会计主管： 会计： 记账： 审核： 制单：

编制余额试算平衡表。

余额试算平衡表

年　月　　　　　　　　　　　　　　单位：元

会计科目	期初余额		本期发生额		期末余额	
	借方	贷方	借方	贷方	借方	贷方

续表

会计科目	期初余额		本期发生额		期末余额	
	借方	贷方	借方	贷方	借方	贷方
合计						

模块二　会计凭证的填制

任务1　支票的填写与审核

一、填空题（请将正确答案填在空白处）

1. 支票是指________签发的，委托办理支票存款业务的银行在见票时________确定的金额给________或者________的票据。

2. 签发的支票必须注明________的名称，并只准________或________向银行办理转账或提取现金。在中国人民银行总行批准的地区，转账支票可以________。

3. 支票的持票人应当自出票日起______内提示付款；异地使用的支票，其提示付款的期限由________另行规定。

4. 签发支票应使用________、________或者________填写。未按规定填写或被涂改冒领的，收签发人负责。

5. 我国一直采用的是________和________两种类型的支票。

6. 转账支票包括________和________两部分。

7. 原始凭证按其来源可分为________、________。

8. 原始凭证按填制次数可分为________、________。

9. 经济业务是多种多样的，因此记录经济业务的各种原始凭证，其具体________和________也不完全相同。

二、选择题（请在下列选项中选择一个正确答案并填在括号内）

1. 支票的提示付款期限为（　　）天。

A. 3　　B. 4　　C. 10　　D. 6

2. 支票的金额起点为（　　）元。

A. 100　　B. 200　　C. 500　　D. 1,000

3. 领料汇总表属于（　　）。

A. 一次凭证　　B. 累计凭证　　C. 单式凭证　　D. 汇总原始凭证

4. 下列属于外来原始凭证的是（　　）。

A. 入库单　　B. 发料汇总表　　C. 银行收账通知单　　D. 出库单

5. 下列不属于会计凭证的有（　　）。

A. 发货票　　B. 领料单　　C. 购销合同　　D. 住宿费收据

6. 自制原始凭证按其填制手续不同可分为（　　）。

A. 一次凭证和汇总凭证

B. 单式凭证和复式凭证

C. 收款凭证、付款凭证、转账凭证

D. 一次凭证、累计凭证、汇总原始凭证和记账编制凭证

7. 原始凭证的基本内容中不包括（　　）。

A. 日期及编号　　B. 内容摘要　　C. 实物数量及金额　　D. 会计科目

8. 仓库使用的限额领料单应属于（　　）。

A. 外来原始凭证　　B. 自制原始凭证　　C. 汇总原始凭证　　D. 一次凭证

9. 下列会计凭证中，不能作为登记账簿依据的是（　　）。

A. 借款单　　B. 发货票　　C. 入库单　　D. 经济合同

三、判断题（判断正误并在括号内填√或×）

1. 转账支票既可以转账，也可以支取现金。（　　）

2. 填写支票日期时，1 月 15 日应写成壹月壹拾伍日，10 月 20 日应写成壹拾月零贰拾日。（　　）

3. 支票的收款单位应填写收款单位全称，并与该单位预留银行印鉴中单位名称保持一致。不得使用简称或缩写。（　　）

4. 支票在签发人签章处按单位法人名章、预留银行印鉴先左后右分别签章，不能缺漏。（　　）

5. 现金支票只能用于支取现金，不能用于转账，但可以背书转让。（　　）

6. 一次凭证是指只反映一项经济业务的凭证，如领料单。（　　）

7. 自制凭证是从外单位或个人处取得的原始凭证。（　　）

8. 累计原始凭证可连续登记相同的经济业务，随时累计，重复使用。（　　）

9. 在一笔经济业务中，如果既涉及现金和银行存款的收付，又涉及转账业务时，应同时填制收（或付）款凭证和转账凭证。（　　）

10. 原始凭证都是外来凭证。（　　）

11. 外来凭证都是一次性原始凭证。（　　）

四、综合应用题

1. 2017 年 9 月 12 日，花海市自行车有限公司购买原材料，取得的增值税专用发票注明价款 30,000 元，增值税 5,100 元，该公司开出转账支票支付上述货款。该公司的开户银行为花海市工商银行中山支行，账号为 265718395400000，收款人为花海市钢铁有限责任公司。请根据该笔经济业务为该公司填写转账支票。

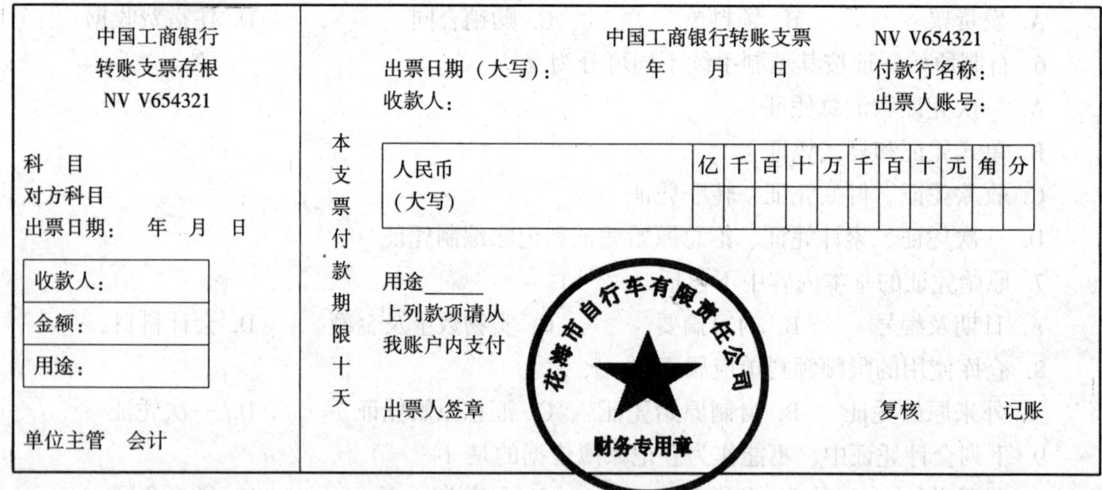

中国工商银行
转账支票存根
NV V654321

科　目
对方科目
出票日期：　年　月　日

收款人：
金额：
用途：

单位主管　会计

本支票付款期限十天

中国工商银行转账支票　　NV V654321
出票日期（大写）：　年　月　日　　付款行名称：
收款人：　　出票人账号：

人民币（大写）	亿	千	百	十	万	千	百	十	元	角	分

用途______
上列款项请从
我账户内支付

出票人签章　　复核　记账

2. 兴达公司销售日用化妆品，取得如下转账支票，请根据该转账支票填写进账单并编制记账凭证。兴达公司的开户行为花海市工行红梅支行，账号为854209733345325。

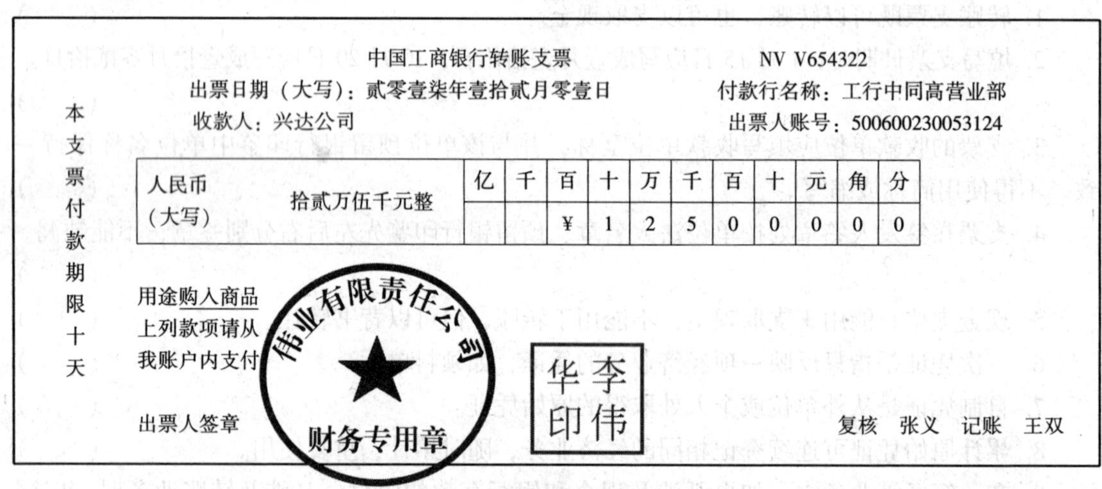

中国工商银行转账支票　　NV V654322
出票日期（大写）：贰零壹柒年壹拾贰月零壹日　　付款行名称：工行中同高营业部
收款人：兴达公司　　出票人账号：500600230053124

本支票付款期限十天

人民币（大写）	拾贰万伍千元整	亿	千	百	十	万	千	百	十	元	角	分
				¥	1	2	5	0	0	0	0	0

用途购入商品
上列款项请从
我账户内支付

出票人签章　　复核　张义　记账　王双

银行进账单（回单）

年　月　日

出票人	全　称		收款人	全　称	
	账　号			账　号	
	开户银行			开户银行	

金额	人民币（大写）	亿	千	百	十	万	千	百	十	元	角	分

票据种类		票据张数	
票据号码			

复核　　记账

开户银行签章

记 账 凭 证

年　月　日　　　　　　　　第　　号

摘　要	总账科目	明细科目	借方金额									贷方金额									√
			百	十	万	千	百	十	元	角	分	百	十	万	千	百	十	元	角	分	
附件　张	合　计																				

会计主管：　　会计：　　记账：　　审核：　　制单：

任务 2　发票的填写与审核

一、填空题（请将正确答案填在空白处）

1. 发票一般可分为________和________两种。

2. 发票的基本联次为三联：第一联为________、第二联为________、第三联为________。

3. 增值税税率有三档：基本税率为________、低税率为________、________只限于出口货物。

4. 本期应纳增值税额＝________－________。

5. 增值税纳税义务人可分为________和________两种。

6. 普通发票可分为________和________两种。

7. 小规模纳税人本期应纳税额＝________。

8. 购进免税农业产品的进项税额，按买价______的扣除率计算。

9. 增值税是以商品价值中的____为课税对象的一种税。

10. 凡在我国境内销售货物或者提供________、________劳务以及进口货物的单位和个人为增值税的纳税人。

二、选择题（请在下列选项中选择一个正确答案并填在括号内）

1. 批发商或零售商的纳税人，年应税销售额在 180 万元以下的为（　　）。

A. 一般纳税人　　B. 义务纳税人　　C. 非义务纳税人　　D. 小规模纳税人

2. 以生产或提供劳务为主并兼营货物批发或零售的纳税人，年应税销售额在（　　）的为一般纳税人。

A. 100 万元以上　　B. 100 万元以下　　C. 150 万元以上　　D. 180 万元以上

3. 增值税对出口商品适用（　　）。

A. 高税率　　B. 低税率　　C. 零税率　　D. 基本税率

4. 购买方支付的进项税额，就是销售方收取的（　　）。

A. 销售额　　B. 利润额　　C. 销项税额　　D. 营业额

5. 划分小规模纳税人和一般纳税人的标准主要为（　　）。

A. 企业规模的大小　　B. 企业应税销售额

C. 由企业领导人决定　　D. 企业管理水平

6. 增值税小规模纳税人征收率为（　　）。

A. 17%　　B. 13%　　C. 7%　　D. 6%

三、判断题（判断正误并在括号内填√或×）

1. 如果向小规模纳税人销售货物，在收取销项税额时，应按照6%的征收率，而不能按照17%或13%的税率。（　　）

2. 小规模纳税人的两档征收率是6%和13%。（　　）

3. 手工填写销货单位栏的增值税专用发票不得进行抵扣。（　　）

4. 购进货物在运输途中发生的合理损耗，可以作为进项税额抵扣。（　　）

5. 增值税是价外税。（　　）

6. 一般纳税人的棉花经营单位向农业生产者购进免税棉花，可根据农产品收购凭证注明的收购金额按10%的税率计算抵扣进项税额。（　　）

7. 企业购入机器设备支付的进项税额，应计入设备价值中。（　　）

8. 某公司将自产的一批甲产品向红花公司投资，投资成本中不包括增值税额。（　　）

9. 增值税小规模纳税人的“应交增值税”明细科目下也应按规定分设专栏。（　　）

10. 凡支付的增值税都应计入物料成本。（　　）

四、思考题

1. 填制增值税专用发票时应注意哪些问题？

2. 增值税专用发票如何审核？

五、综合应用题

指出下面增值税专用发票填制错误之处。

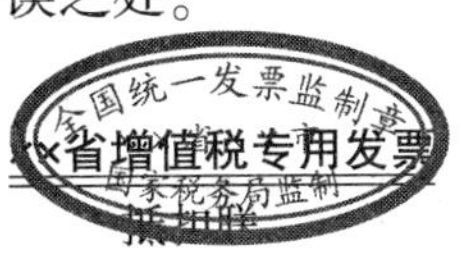

××省增值税专用发票

No：0000××××

开票日期　　2008年1月16日

购货单位			
名称	××有限责任公司	纳税人登记号	3207462539
地址、电话	××市中山路126号	开户银行及账号	农业银行××营业所

货物或应税劳务名称	计量单位	数量	单价	金额									税率（%）	税额								
				百	十	万	千	百	十	元	角	分		百	十	万	千	百	十	元	角	分
A型材料	吨	2	30,000			3	0	0	0	0	0	0					5	1	0	0	0	0
B型材料	吨	4	10,000			4	0	0	0	0	0	0	17				6	8	0	0	0	0
合计					¥	7	0	0	0	0	0	0			¥	1	1	9	0	0	0	0

价税合计（大写）　　仟　佰　拾捌万壹仟玖佰零拾零元零角零分￥：________

销货单位			
名称	大伟有限责任公司	纳税人登记号	3270582147
地址、电话	××市泰康路78号	开户银行及账号	××银行泰康路营业所
备注			321400000145236

收款人：李某　　　　开票单位（未盖章无效）

任务3　差旅费的报销

一、填空题（请将正确答案填在空白处）

1. 单位工作人员因公出差而向单位财务部门提前借取现金或现金支票时所填写的申请单据是______。

2. 出差人员返回后报销时向财务人员提供的车票、住宿费发票、用餐发票等为______________凭证。

3. 记账凭证根据不同的用途可以分为__________、__________、__________三种。

4. 在向出差人员借出款项时，会计人员一般填具的是__________；收回相关款项时，则填具________或________。

二、选择题（请在下列选项中选择一个正确答案并填在括号内）

1. 下列凭证属于原始凭证的是（　　）。

A. 购书发票　　　B. 付款凭证　　　C. 收款凭证

2. 出差人员归来后根据出差用款的实际情况填写的是（　　）。

A. 借款单　　　B. 差旅费报销单　　　C. 收款凭证

3. 记账凭证必须在（　　）内连续编号。

A. 一个月　　B. 一天　　C. 一周

4. 收款凭证左上方借方科目可能是（　　）。

A. 其他应收款　　B. 管理费用　　C. 现金

三、判断题（判断正误并在括号内填√或×）

1. 会计人员填制记账凭证时，一定要有原始凭证作为依据。（　　）

2. 公司主管人员在特殊情况下借款时，可以不填写借款单。（　　）

3. 出差人员的借款未用完时必须将剩余借款归还给财务部门，而财务部门将同时出具收据给出差人员。（　　）

4. 在实际工作中，若发生货币资金之间的收付业务一般只填制付款凭证。（　　）

5. 付款凭证的左上方一定是登记借方科目，一般是“现金”和“银行存款”科目。（　　）

四、综合应用题

1. 请为外贸部门的张山填一张借款单，借款额为人民币 1,000 元，用于出差预借，时间为 2017 年 9 月 5 日。

借　款　单

年　　月　　日

借款单位：		
借款理由：		
借款数额：人民币（大写）		
本单位负责人意见：		借款人：
会计主管核批：	付款方式：现金支票	出纳：

2. 根据以下经济业务分别填制收款凭证、付款凭证和转账凭证。

2017 年 5 月，兴达公司发生的经济业务如下。

（1）2 日，以银行存款解交应交增值税 3,000 元。

付　款　凭　证

贷方科目：　　　　年　　月　　日　　　　字第　　号

摘要	借方科目		账页	金额
	一级科目	二级或明细科目		
合　计				

会计主管：　　记账：　　审核：　　出纳：　　制单：

（2）3 日，以现金预付职工王强探亲差旅费 200 元。

付　款　凭　证

贷方科目：　　　　　　　　　　年　　月　　日　　　　　　　　　　字第　　　号

摘要	借方科目		账页	金额
	一级科目	二级或明细科目		
合　　计				

会计主管：　　　记账：　　　审核：　　　出纳：　　　制单：

（3）5 日，向中国银行借入短期借款 10,000 元，并存入银行。

收　款　凭　证

借方科目：　　　　　　　　　　年　　月　　日　　　　　　　　　　字第　　　号

摘要	贷方科目		账页	金额
	一级科目	二级或明细科目		
合　　计				

会计主管：　　　记账：　　　审核：　　　出纳：　　　制单：

（4）10 日，以银行存款支付前欠富民公司款项 20,000 元。

付　款　凭　证

贷方科目：　　　　　　　　　　年　　月　　日　　　　　　　　　　字第　　　号

摘要	借方科目		账页	金额
	一级科目	二级或明细科目		
合　　计				

会计主管：　　　记账：　　　审核：　　　出纳：　　　制单：

（5）12 日，出售给天元电器公司产品 200 件，每件售价 300 元，款项存入银行。

收　款　凭　证

借方科目：　　　　　　　　　　年　　月　　日　　　　　　　　　　字第　　　号

摘要	借方科目		账页	金额
	一级科目	二级或明细科目		
合　　计				

会计主管：　　　记账：　　　审核：　　　出纳：　　　制单：

（6）18 日，以银行存款 5,000 元支付所欠光明公司款项。

付 款 凭 证

贷方科目：　　　　年　　月　　日　　　　字第　　号

<table>
<tr><td rowspan="2">摘要</td><td colspan="2">借方科目</td><td rowspan="2">账页</td><td rowspan="2">金额</td></tr>
<tr><td>一级科目</td><td>二级或明细科目</td></tr>
<tr><td></td><td></td><td></td><td></td><td></td></tr>
<tr><td colspan="4">合　计</td><td></td></tr>
</table>

会计主管：　记账：　审核：　出纳：　制单：

（7）20 日，预支 1,000 元现金给业务员王刚；25 日，王刚报销差旅费 800 元，交回 200 元现金。

付 款 凭 证

贷方科目：　　　　年　　月　　日　　　　字第　　号

<table>
<tr><td rowspan="2">摘要</td><td colspan="2">借方科目</td><td rowspan="2">账页</td><td rowspan="2">金额</td></tr>
<tr><td>一级科目</td><td>二级或明细科目</td></tr>
<tr><td></td><td></td><td></td><td></td><td></td></tr>
<tr><td colspan="4">合　计</td><td></td></tr>
</table>

会计主管：　记账：　审核：　出纳：　制单：

转 账 凭 证

年　　月　　日　　　　字第　　号

<table>
<tr><td rowspan="2">摘要</td><td colspan="2">借方科目</td><td rowspan="2">账页</td><td rowspan="2">借方金额</td><td rowspan="2">贷方金额</td></tr>
<tr><td>一级科目</td><td>二级科目</td></tr>
<tr><td></td><td></td><td></td><td></td><td></td><td></td></tr>
<tr><td></td><td></td><td></td><td></td><td></td><td></td></tr>
<tr><td></td><td></td><td></td><td></td><td></td><td></td></tr>
<tr><td colspan="4">合　计</td><td></td><td></td></tr>
</table>

会计主管：　记账：　审核：　出纳：　制单：

3. 张山于 2017 年 9 月 10 日到财务科结算出差费用，此次出差事由为参加供货会，出差地点为上海，乘坐交通工具为汽车，车费 200 元，住宿费 300 元，伙食补助 100 元，途中两天，住宿三天，共花费 900 元。请帮助张山完成下面差旅费报销单的填写。

差旅费报销单（代支出凭证）

附件：5 张 2017 年 9 月 10 日

<table>
<tr><td>出差人</td><td colspan="2"></td><td colspan="2">共 人</td><td>职务</td><td></td><td>部门</td><td colspan="2"></td><td colspan="2">审批人</td><td></td></tr>
<tr><td>出差事由</td><td colspan="4"></td><td colspan="2" rowspan="2">出 差
日 期</td><td colspan="6" rowspan="2">自 年 月 日
至 年 月 日</td></tr>
<tr><td>到达地点</td><td colspan="4"></td></tr>
<tr><td rowspan="3">项目
金额</td><td colspan="4">交通工具</td><td colspan="2">其他</td><td colspan="2">旅馆费</td><td colspan="4">伙食补助</td></tr>
<tr><td>火车</td><td>汽车</td><td>轮船</td><td>飞机</td><td colspan="2"></td><td colspan="2">住宿 天</td><td colspan="2">在途 天</td><td colspan="2">住勤 天</td></tr>
<tr><td></td><td></td><td></td><td></td><td colspan="2"></td><td colspan="2"></td><td colspan="2"></td><td colspan="2"></td></tr>
<tr><td colspan="13">总计人民币(大写) ¥</td></tr>
<tr><td>原借款金额</td><td colspan="4">报销金额</td><td colspan="8">交结余或超支金额 ¥</td></tr>
<tr><td></td><td colspan="4"></td><td colspan="8">人民币(大写) 整</td></tr>
</table>

会计主管： 会计： 出纳员：

4. 张山出差归来后，于 2017 年 9 月 10 日报销差旅费 900 元，同时交回现金 100 元。假设你是张山所在企业的会计，请根据张山出差时的借款情况和出差归来后的还款及相关原始凭证填制相应的记账凭证。

模块三　账簿的登记

任务1　登记账簿

一、填空题（请将正确答案填在空白处）

1. 账务处理程序也称“会计核算组织程序”或“会计核算形式”，是将________、________、记账程序和方法有机结合起来的一种组织方式。

2. 不同的账务处理程序，规定了填制会计凭证、登记账簿、编制会计报表的不同____________和____________。

3. 我国企业事业单位常用的账务处理程序主要有____________________、____________________、____________________。

4. 记账凭证账务处理程序的特点是____________________、____________________。

5. 科目汇总表账务处理程序的特点是定期地将所有记账凭证汇总编制成________，然后再据此登记总分类账。

6. 汇总记账凭证账务处理程序的特点是先根据记账凭证定期编制________，然后再据此登记总分类账。

7. 会计账簿是由一定格式的账页组成，以__________为依据，________登记各项经济业务的簿籍。各单位应当按照____________________的规定和会计业务的需要设置会计账簿。

8. 会计账簿按用途分为____________、____________、____________。

9. 会计账簿按外表形式分为____________、____________、____________。

10. 会计账簿按账页格式分为____________、______________、____________。

11. 印花税的纳税方法包括______________、______________、________________。

12. 总分类账户与明细分类账户之间平行登记的基本要求可以归纳为____________、__________、____________、____________。

二、选择题（请在下列选项中选择一个正确答案并填在括号内）

1. 各种会计核算形式之间的主要区别是（　　）。

A. 凭证及账簿组织不同　　B. 记账方法不同

C. 记账程序不同　　D. 登记总账的依据和方法不同

2. 根据记账凭证逐笔登记总分类账的会计核算组织程序是（　　）。

A. 日记总账核算组织程序　　B. 记账凭证核算组织程序
C. 汇总记账凭证核算组织程序　　D. 科目汇总表核算组织程序

3. 使用会计科目少、业务量小的单位可以采用（　　）。
A. 记账凭证核算组织程序　　B. 科目汇总表核算组织程序
C. 汇总记账凭证核算组织程序　　D. 日记总账核算组织程序

4. 科目汇总表核算组织程序（　　）。
A. 便于分析经济业务　　B. 可以看清经济业务的来龙去脉
C. 能清楚反映账户对应关系　　D. 不能反映账户对应关系

5. 汇总记账凭证与科目汇总表核算组织程序的主要相同点是（　　）。
A. 记账凭证的汇总方法相同　　B. 汇总凭证的格式相同
C. 登记总账的依据相同　　D. 记账凭证都需要汇总

6. 科目汇总表汇总的是（　　）。
A. 全部科目的借方发生额　　B. 全部科目的贷方发生额
C. 全部科目的借贷方余额　　D. 全部科目的借贷方发生额

7. 科目汇总表与汇总记账凭证都属于（　　）。
A. 原始凭证　　B. 汇总的原始凭证
C. 汇总的记账凭证　　D. 转账凭证

8. 从银行提取现金，登记现金日记账的依据是（　　）。
A. 现金收款凭证　　B. 银行存款收款凭证
C. 现金付款凭证　　D. 银行存款付款凭证

9. “生产成本”明细分类账应该采用（　　）。
A. 三栏式　　B. 多栏式　　C. 数量金额式　　D. 任意格式

10. 总分类账与特种日记账的外表形式应该采用（　　）。
A. 活页式　　B. 卡片式　　C. 订本式　　D. 任意外表形式

11. 对于某些在序时账簿和分类账簿中未能记载的经济业务进行补充登记的账簿是（　　）。
A. 序时账簿　　B. 分类账簿　　C. 联合账簿　　D. 备查账簿

12. 登记明细分类账的依据（　　）。
A. 一定是记账凭证　　B. 一定是原始凭证
C. 一定是汇总记账凭证　　D. 是记账凭证和原始凭证

13. 下列各项不能作为登记总分类账的依据的是（　　）。
A. 记账凭证　　B. 记账凭证汇总表
C. 原始凭证　　D. 汇总记账凭证

14. 总分类账簿与明细分类账簿之间进行平行登记的原因是总分类账簿与明细分类账簿的（　　）相同。
A. 格式　　B. 登记时间
C. 反映经济业务内容　　D. 提供指标详细程度

三、判断题（判断正误并在括号内填√或×）

1. 记账凭证核算组织程序下，总分类账簿可以根据记账凭证逐笔登记，也可以定期汇总登记。（ ）

2. 记账凭证核算组织程序下，由于总分类账簿是根据记账凭证登记的，因而会计期末不需要对有关账簿的记录进行核对。（ ）

3. 科目汇总表汇总了有关科目的借、贷方发生额和余额。（ ）

4. 科目汇总表不仅是登记总分类账簿的依据，而且根据科目汇总表可以了解企业资金运动的来龙去脉。（ ）

5. 汇总的记账凭证不仅能体现账户之间的对应关系，而且能起到入账前的试算平衡作用。（ ）

6. 由于汇总记账凭证核算组织程序大大减少了登记总分类账簿的工作量，因而这种核算组织程序适用于大、中、小一切的单位。（ ）

7. 在各种会计核算组织程序中，原始凭证都不能直接用来登记总分类账簿和明细分类账簿。（ ）

8. 不论哪种会计核算组织程序，在编制会计报表之前都要进行对账工作。（ ）

9. 序时账簿也称日记账簿，是按照经济业务发生时间的先后顺序，逐日逐笔登记经济业务的账簿。（ ）

10. 分类账簿是指对全部经济业务按照收款业务、付款业务和转账业务进行分类登记的账簿。（ ）

11. 总分类账簿是按照总分类账户和明细分类账户分类登记的账簿。（ ）

12. 订本式账簿是指在记完账后，把记过账的账页装订成册的账簿。（ ）

13. 平行登记是指经济业务发生后，根据会计凭证，一方面要登记有关的总分类账户，另一方面要登记该总分类账户所属的各有关明细分类账户。（ ）

四、综合应用题

1. 某企业 2017 年 3 月开业，当年发生以下有关事项：领受产权证、工商营业执照、土地使用证各一件；订立借款合同一份，所记载金额为 200 万元；企业记载资金的“实收资本”“资本公积”账簿为500 万元；其他营业账簿 8 本。请计算该企业 2017 年 3 月应缴纳的印花税。

2. 请根据下列记账凭证登记账簿。

记 账 凭 证

2017 年 4 月 12 日　　　　第 1 号

摘　要	总账科目	明细科目	借方金额									贷方金额									√
			百	十	万	千	百	十	元	角	分	百	十	万	千	百	十	元	角	分	
购买材料	材料采购	甲材料			3	0	0	0	0	0	0										√
	应交税费	应交增值税				5	1	0	0	0	0										√
	银行存款													3	5	1	0	0	0	0	√
附件　张	合　　计			¥	3	5	1	0	0	0	0		¥	3	5	1	0	0	0	0	

会计主管：　　会计：　　记账：　　审核：　　制单：

记 账 凭 证

2017 年 4 月 12 日　　　　第 2 号

摘　要	总账科目	明细科目	借方金额									贷方金额									√
			百	十	万	千	百	十	元	角	分	百	十	万	千	百	十	元	角	分	
买办公用品	管理费用					2	0	0	0	0	0										√
	银行存款														2	0	0	0	0	0	√
附件　张	合　　计				¥	2	0	0	0	0	0			¥	2	0	0	0	0	0	

会计主管：　　会计：　　记账：　　审核：　　制单：

记 账 凭 证

2017 年 4 月 14 日　　　　第 3 号

摘　要	总账科目	明细科目	借方金额									贷方金额									√
			百	十	万	千	百	十	元	角	分	百	十	万	千	百	十	元	角	分	
取得银行借款	银行存款				3	2	0	0	0	0	0										√
	短期借款													3	2	0	0	0	0	0	√
附件　张	合　　计			¥	3	2	0	0	0	0	0		¥	3	2	0	0	0	0	0	

会计主管：　　会计：　　记账：　　审核：　　制单：

记 账 凭 证

2017 年 4 月 15 日　　　　第 4 号

摘　　要	总账科目	明细科目	借方金额									贷方金额									√
			百	十	万	千	百	十	元	角	分	百	十	万	千	百	十	元	角	分	
销售产品	银行存款				6	0	5	0	0	0	0										√
	主营业务收入													5	0	0	0	0	0	0	√
	应交税费	应交增值税												1	0	5	0	0	0	0	√
附件　张	合　　计			¥	6	0	5	0	0	0	0		¥	6	0	5	0	0	0	0	

会计主管：　　会计：　　记账：　　审核：　　制单：

记 账 凭 证

2017 年 4 月 16 日　　　　第 5 号

摘　　要	总账科目	明细科目	借方金额									贷方金额									√
			百	十	万	千	百	十	元	角	分	百	十	万	千	百	十	元	角	分	
偿还账款	应付账款				5	0	0	0	0	0	0										√
	银行收款													5	0	0	0	0	0	0	√
附件　张	合　　计			¥	5	0	0	0	0	0	0		¥	5	0	0	0	0	0	0	

会计主管：　　会计：　　记账：　　审核：　　制单：

银 行 存 款

总第　页　分第　页

级科目编号及名称

年		凭证号数	摘要	借　方										贷　方										借或贷	余　额									
月	日			百	十	万	千	百	十	元	角	分	√	百	十	万	千	百	十	元	角	分	√		百	十	万	千	百	十	元	角	分	√
			略																					借										

管理费用

总第 页 分第 页

级科目编号及名称

年		凭证号数	摘要	借方										贷方										借或贷	余额									
月	日			百	十	万	千	百	十	元	角	分	√	百	十	万	千	百	十	元	角	分	√		百	十	万	千	百	十	元	角	分	√

应付账款

总第 页 分第 页

级科目编号及名称

年		凭证号数	摘要	借方										贷方										借或贷	余额									
月	日			百	十	万	千	百	十	元	角	分	√	百	十	万	千	百	十	元	角	分	√		百	十	万	千	百	十	元	角	分	√

主营业务收入

总第 页 分第 页

级科目编号及名称

年		凭证号数	摘要	借方										贷方										借或贷	余额									
月	日			百	十	万	千	百	十	元	角	分	√	百	十	万	千	百	十	元	角	分	√		百	十	万	千	百	十	元	角	分	√

总第　页　分第　页

应　交　税　费

______级科目编号及名称______

年		凭证号数	摘要	借方										贷方										借或贷	余额									
月	日			百	十	万	千	百	十	元	角	分	√	百	十	万	千	百	十	元	角	分	√		百	十	万	千	百	十	元	角	分	√

总第　页　分第　页

短　期　借　款

______级科目编号及名称______

年		凭证号数	摘要	借方										贷方										借或贷	余额									
月	日			百	十	万	千	百	十	元	角	分	√	百	十	万	千	百	十	元	角	分	√		百	十	万	千	百	十	元	角	分	√

总第　页　分第　页

材　料　采　购

______级科目编号及名称______

年		凭证号数	摘要	借方										贷方										借或贷	余额									
月	日			百	十	万	千	百	十	元	角	分	√	百	十	万	千	百	十	元	角	分	√		百	十	万	千	百	十	元	角	分	√

任务2　错账更正

一、填空题（请将正确答案填在空白处）

1. 常见的错账更正方法有__________、__________、__________三种。

2. 划线更正法适用于______________正确，在记账或结账过程中发现只是________中文字或数字有错误。

3. 红字更正法适用于两种情况：一是记账以后，发现记账凭证中__________________有错误；二是记账以后发现记账凭证中__________________没有错误，只是所填金额大于应填金额。

4. 记账以后，发现记账凭证上应借应贷的__________________，但所填金额______正确金额，可采用补充登记法更正。

5. 对账包括______________、________________、__________________三种方式。

6. 账证核对就是检查____________、______________与账簿记录的会计科目、金额、借贷方等项目是否相符。

7. 账实核对就是将企业财产物资的__________与____________进行核对。

8. 结账是指在一定时期（月、季、年）内将所发生的经济业务__________的基础上，结算各种账簿的______________和___________，为编制会计报表提供资料。

二、选择题（请在下列选项中选择一个正确答案并填在括号内）

1. 记账后发现记账凭证科目正确，但所记金额大于应记金额，可采用的更正方法是（　　）。

A. 划线更正法　　B. 红字更正法

C. 补充登记法　　D. 平行登记法

2. 期末根据账簿记录，计算并记录出各账户的本期发生额和期末余额，在会计上叫（　　）。

A. 对账　　B. 结账　　C. 调账　　D. 查账

3. 某会计人员根据记账凭证登账时，误将 400 元计为 4,000 元，更正这种记账错误的方法是（　　）。

A. 红字冲销法　　B. 补充登记法

C. 划线更正法　　D. 以上三种都可以

4. 检查原始凭证、记账凭证与账簿记录的会计科目、金额、借贷方等项目是否相符的对账方式是（　　）。

A. 账账核对　　B. 账证核对　　C. 账实核对　　D. 以上三种都可以

5. 下列有关月结的说法正确的是（　　）。

A. 只结出本月发生额　　B. 只结出本月余额

C. 只画一条通栏红线　　D. 在本月合计的上、下各画一条通栏红线

6. 12 月末的本年累计就是全年累计发生额，全年累计发生额下画（　　）。

A. 双红线　　B. 单红线　　C. 两条双红线　　D. 两条单红线

三、判断题（判断正误并在括号内填√或×）

1. 结账是指按规定把一定时期内所发生的经济业务登记入账，并进行账实核对，以保证账簿资料正确性的会计方法。（　　）

2. 对账是对账簿记录进行的核对工作，它包括本企业同外企业相关账簿相核对。（　）
3. 错账要采用红字冲销法更正。（　）
4. 所有账户年末都要结账，但不是所有的账户都有余额。（　）
5. 银行存款日记账与库存现金日记账每月只结一次账即可，不必每天都结。（　）
6. 所有的财产物资每个月都要进行一次账实核对。（　）
7. 账证核对就是账簿与原始凭证核对。（　）
8. 记账凭证是正确的，但账簿的金额比实际金额大，应采用补充登记法。（　）

四、综合应用题

1. 根据下列记账凭证登记银行存款日记账并结账。

记　账　凭　证

2017 年 4 月 10 日　　第 1 号

摘　要	总账科目	明细科目	借方金额									贷方金额									√
			百	十	万	千	百	十	元	角	分	百	十	万	千	百	十	元	角	分	
从银行提取现金	库存现金					2	0	0	0	0	0										√
	银行存款														2	0	0	0	0	0	√
附件　张	合　　计				¥	2	0	0	0	0	0			¥	2	0	0	0	0	0	

会计主管：　　会计：　　记账：　　审核：　　制单：

记　账　凭　证

2017 年 4 月 12 日　　第 2 号

摘　要	总账科目	明细科目	借方金额									贷方金额									√
			百	十	万	千	百	十	元	角	分	百	十	万	千	百	十	元	角	分	
取得三年期借款	银行存款			3	0	0	0	0	0	0	0										√
	长期借款												3	0	0	0	0	0	0	0	√
附件　张	合　　计		¥	3	0	0	0	0	0	0	0	¥	3	0	0	0	0	0	0	0	

会计主管：　　会计：　　记账：　　审核：　　制单：

记 账 凭 证

2017 年 4 月 13 日　　第 3 号

摘　要	总账科目	明细科目	借方金额									贷方金额									√
			百	十	万	千	百	十	元	角	分	百	十	万	千	百	十	元	角	分	
交水费	应付账款					1	5	6	0	0	0										√
	银行存款														1	5	6	0	0	0	√
附件　张	合　　计				¥	1	5	6	0	0	0			¥	1	5	6	0	0	0	

会计主管：　会计：　记账：　审核：　制单：

记 账 凭 证

2017 年 4 月 19 日　　第 4 号

摘　要	总账科目	明细科目	借方金额									贷方金额									√
			百	十	万	千	百	十	元	角	分	百	十	万	千	百	十	元	角	分	
收回前欠货款	银行存款				4	6	8	0	0	0	0										√
	应收账款													4	6	8	0	0	0	0	√
附件　张	合　　计			¥	4	6	8	0	0	0	0		¥	4	6	8	0	0	0	0	

会计主管：　会计：　记账：　审核：　制单：

记 账 凭 证

2017 年 4 月 25 日　　第 5 号

摘　要	总账科目	明细科目	借方金额									贷方金额									√
			百	十	万	千	百	十	元	角	分	百	十	万	千	百	十	元	角	分	
发放工资	应付职工薪酬				4	5	8	0	0	0	0										√
	银行存款													4	5	8	0	0	0	0	√
附件　张	合　　计			¥	4	5	8	0	0	0	0		¥	4	5	8	0	0	0	0	

会计主管：　会计：　记账：　审核：　制单：

记 账 凭 证

2017 年 4 月 30 日　　　　第 6 号

摘　要	总账科目	明细科目	借方金额									贷方金额									√
			百	十	万	千	百	十	元	角	分	百	十	万	千	百	十	元	角	分	
付前欠购货款	应付账款				5	5	8	0	0	0	0										√
	银行存款													5	5	8	0	0	0	0	√
附件　张	合　　计			¥	5	5	8	0	0	0	0		¥	5	5	8	0	0	0	0	

会计主管：　　会计：　　记账：　　审核：　　制单：

银行存款日记账

总第　页　分第　页

级科目编号及名称

年		凭证号数	摘　要	借　方										贷　方										借或贷	余　额									
月	日			百	十	万	千	百	十	元	角	分	√	百	十	万	千	百	十	元	角	分	√		百	十	万	千	百	十	元	角	分	√
4	1		期初余额																					借	1	3	0	0	0	0	0	0	0	

2. 对下列业务进行错账更正。

（1）李会计根据下列记账凭证登记了银行存款日记账，请指出日记账中的错误之处，并进行错账更正。

记 账 凭 证

2017 年 3 月 20 日　　　　第 4 号

摘　要	总账科目	明细科目	借方金额									贷方金额									√
			百	十	万	千	百	十	元	角	分	百	十	万	千	百	十	元	角	分	
付前欠购货款	应付账款				5	5	8	0	0	0	0										√
	银行存款													5	5	8	0	0	0	0	√
附件　张	合　　计			¥	5	5	8	0	0	0	0		¥	5	5	8	0	0	0	0	

会计主管：　　会计：　　记账：　　审核：　　制单：

总第　页　分第　页

银行存款日记账

________级科目编号及名称________

年		凭证号数	摘要	借方										贷方										借或贷	余额									
月	日			百	十	万	千	百	十	元	角	分	√	百	十	万	千	百	十	元	角	分	√		百	十	万	千	百	十	元	角	分	√
3	1		期初余额																					借	1	3	0	0	0	0	0	0	0	
略			略													3	4	1	2	3	0	2		借	1	2	6	5	8	7	6	9	8	
3	20	4	付前欠货款														5	5	8	0	0	0		借	1	2	6	0	2	9	6	9	8	

（2）王会计根据销售员小李的差旅费报销单，填制了如下的记账凭证，并登记了账簿。请指出其中的错误之处，并进行错账更正。

差旅费报销单

附件：3 张　　　　　　2017 年 4 月 25 日

出差人	李可		共一人	职务		部门	销售部	审批人	
出差事由	参加销售会议			出差日期		自 2017 年 4 月 10 日 至 2017 年 4 月 20 日			
到达地点	南京								
项目金额	交通工具				其他	旅馆费	伙食补助		
	火车	汽车	轮船	飞机		住宿 8 天	在途 2 天	住勤　天	
	650				350	800	200		
总计人民币（大写）贰仟元整			¥2,000.00						
原借款金额	报销金额		交结余或超支金额						
2,000.00	2,000.00		人民币（大写）						

会计主管：　　　　会计：　　　　出纳员：

记　账　凭　证

2017 年 3 月 23 日　　　　第 6 号

摘要	总账科目	明细科目	借方金额									贷方金额									√
			百	十	万	千	百	十	元	角	分	百	十	万	千	百	十	元	角	分	
报销差旅款	管理费用					2	0	0	0	0	0										√
	其他应收款														2	0	0	0	0	0	√
附件　张	合　计				¥	2	0	0	0	0	0			¥	2	0	0	0	0	0	

会计主管：　　会计：　　记账：　　审核：　　制单：

管 理 费 用

总第　页　分第　页

______级科目编号及名称______

年		凭证号数	摘要	借方										贷方										借或贷	余额									
月	日			百	十	万	千	百	十	元	角	分	√	百	十	万	千	百	十	元	角	分	√		百	十	万	千	百	十	元	角	分	√
3	1		期初余额																					借			5	6	4	0	0	0	0	
略			略				9	4	7	6	9	8												借			6	5	8	7	6	9	8	
3	23	6	报销差旅费				5	5	8	0	0	0												借			7	1	4	5	6	9	8	

其 他 应 收 款

总第　页　分第　页

______级科目编号及名称______

年		凭证号数	摘要	借方										贷方										借或贷	余额									
月	日			百	十	万	千	百	十	元	角	分	√	百	十	万	千	百	十	元	角	分	√		百	十	万	千	百	十	元	角	分	√
3	1		期初余额																					借			4	5	2	0	0	0	0	
略			略				7	1	0	0	0	0												借			5	2	3	0	0	0	0	
3	23	6	报销差旅费				5	5	8	0	0	0												借			5	7	8	8	0	0	0	

模块四　会计核算

任务1　公司筹集资金的核算

一、填空题（请将正确答案填在空白处）

1. 筹集资金的渠道有两个，一是由______________，二是向_______________。

2. 投资者投入货币资金，借记“____________”，贷记“_______________”。

3. 企业向银行借入的短期借款，一般按季度结算利息，企业可以按月预提利息，借记“____________”，贷记“____________”。

二、选择题（请在下列选项中选择一个正确答案并填在括号内）

1. 投资者投入企业的资金，实际缴纳的部分通常称为（　　）。

A. 所有者权益　　B. 实收资本　　C. 盈余公积　　D. 收入

2. 股份制企业投资者投入企业的资金通常称为（　　）。

A. 所有者权益　　B. 实收资本　　C. 股本　　D. 收入

3. 企业收到投资者投资，会使企业会计要素（　　）增加。

A. 所有者权益　　B. 负债　　C. 实收资本　　D. 收入

4. 企业发生的短期借款的利息应借记（　　）账户。

A. 在建工程　　B. 财务费用　　C. 预提费用　　D. 管理费用

5. 企业收到无形资产投资时应借记（　　）账户。

A. 固定资产　　B. 无形资产　　C. 预提费用　　D. 长期借款

6. 投资者投入企业货币资金投资200,000元，存入银行，无资本溢价，则编制会计分录为（　　）。

A. 借：银行存款200,000
　　贷：短期借款200,000

B. 借：银行存款200,000
　　贷：长期借款200,000

C. 借：银行存款200,000
　　贷：实收资本200,000

D. 借：实收资本200,000
　　贷：银行存款200,000

7. 某上市公司发行普通股100万股，每股面值1元，每股发行价格5元，支付发行手续费30万元，该公司发行普通股计入“资本公积——股本溢价”的金额是（　　）万元。

A. 500　　B. 400　　C. 397　　D. 403

8. 某企业以银行存款偿还到期的短期借款8,000元，同时支付本期借款利息480元，则会计分录为（　　）。

A. 借：短期借款 8,480
　　贷：银行存款 8,480

B. 借：应付账款 8,480
　　贷：银行存款 8,480

C. 借：短期借款 8,000
　　应付账款 480
　　贷：银行存款 8,480

D. 借：短期借款 8,000
　　财务费用 480
　　贷：银行存款 8,480

9. 企业为维持正常的生产经营所需资金而向银行等机构借入借款期在一年以内的款项一般称为（　　）。

A. 长期借款　　B. 短期借款

C. 长期负债　　D. 流动负债

10. 股份有限公司采用溢价发行股票方式筹集资本，其“股本”科目所登记的金额是（　　）。

A. 实际收到的款项　　B. 股票面值与发行股票总数的乘积

C. 发行总收入减去支付给证券商的费用　　D. 发行总收入加上支付给证券商的费用

三、判断题（判断正误并在括号内填√或×）

1. 企业采用发行债券的方式筹集的资金属于企业的所有者权益。（　　）
2. 企业因借入短期借款和长期借款而发生的借款利息都应作为财务费用进行核算。（　　）
3. “应付利息”账户属于费用类账户。（　　）
4. 资金是企业生存和发展的前提和基础。（　　）
5. 企业按月预提短期借款利息符合权责发生制原则。（　　）

四、综合应用题

编制下列经济业务的会计分录。

1. 12 月 5 日，收到国家投入资本 3,000,000 元，款项已存入银行。

2. 12 月 6 日，收到 A 公司投入全新设备一套，价值 400,000 元，增值税 68,000 元。

3. 12 月 8 日，收到 B 公司以一项专利权对企业的投资，价值 180,000 元。

4. A、B、C、D 公司协商各出资 100 万元，共计 400 万元新设 F 公司。按协议 A、B、C 公司以货币出资，D 公司以生产用设备出资。12 月 9 日，实际收到 A、B、C 公司所出资本；同日，D 公司提供的设备验收，且评估价值为 130 万元。

5. 甲企业向银行借入 3 个月期限的借款 100 万元，年利率 6%，利息按月计提、按季支付。

任务 2　采购与生产的核算

一、填空题（请将正确答案填在空白处）

1. 购入不需要安装的固定资产，使企业资产增加，借记“____________”，同时，使企业货币资金减少或负债增加，贷记“____________”。

2. 企业购入材料，使企业的资产增加，借记“__________”，按增值专用发票的税额借记“_________________________________”，同时，由于货款未付使企业的负债增加，贷记“________________”。

3. 账户的借方登记为生产产品发生的______________、______________以及从______________账户转入的制造费用。

4. 企业为职工发放工资会使企业的费用增加，生产人员的工资使生产成本增加，借记“__________________”；车间管理人员的工资使企业生产共用的费用增加，借记“______________”；企业管理人员的工资借记“__________”。

5. 工资、薪金所得适用______________，税率为__________ ~____________。

6. 个人所得税的征收方式主要有两种，一是______________，二是______________。

二、选择题（请在下列选项中选择一个正确答案并填在括号内）

1. 与“制造费用”账户不可能发生对应关系的账户是（　　）。

A. 管理费用　　B. 原材料

C. 应付职工薪酬　　D. 应付账款

2. 已经完成全部生产过程并已验收入库，可供对外销售的产品即为（　　）。

A. 已销产品　　B. 生产成本　　C. 销售成本　　D. 库存商品

3. 购进材料入库，其价税款通过银行支付，应编制的分录是（　　）。

A. 借：材料采购
　　应交税金——应交增值税
　　贷：银行存款

B. 借：在途物资
　　应交税金——应交增值税
　　贷：银行存款

C. 借：材料采购
　　贷：银行存款

D. 借：原材料
　　贷：银行存款

4. 下列费用中，不构成产品成本的是（　　）。

A. 直接材料费　　B. 直接人工费　　C. 期间费用　　D. 制造费用

5. “应付职工薪酬”账户是核算应付给职工的（　　）。

A. 工资及福利费　　B. 困难补助　　C. 职工教育经费　　D. 工会经费

6. 企业本期发生的下列支出中，不能直接或间接归入营业成本，而是直接计入当期损益的费用是（　　）。

A. 车间管理人员工资　　B. 业务招待费

C. 生产车间水电费　　D. 在建工程人员工资

7. 仓库库存甲材料单位成本 10 元/千克，乙材料单位成本 20 元/千克。生产车间从仓库领用如下材料：领用甲材料 150 千克、乙材料 100 千克用于生产 A 产品，领用甲材料 120 千克、乙材料 80 千克用于生产 B 产品，用于车间共同耗用的甲材料 270 千克，销售部门耗用甲材料 50 千克。以下说法正确的是（　　）。

A. 所有经济业务共耗用乙材料 3,500 元

B. 生产 B 产品耗用直接材料成本为 3,500 元

C. 生产 A 产品耗用直接材料成本 2,800 元

D. 销售部门耗用甲材料 500 元

8. 关于制造费用科目，下列说法不正确的是（　　）。

A. 该科目的借方归集生产过程中发生的间接费用

B. 分配给某个产品的制造费用从贷方转出

C. 本科目期末一定无余额

D. 本科目可以按不同的车间、部门设置明细分类账簿

9. 下列不能作为生产费用核算的是（ ）。

A. 已销产品的成本

B. 直接从事产品生产的工人的职工薪酬

C. 构成产品实体的原材料以及有助于产品形成的主要材料和辅助材料

D. 企业为生产产品和提供劳务而发生的各项间接费用

10. 某企业材料采用计划成本法核算。月初结存材料计划成本为200万元，材料成本差异为节约20万元；当月购入材料一批，实际成本为135万元，计划成本为150万元，领用材料的计划成本为180万元。当月结存材料的实际成本为（ ）万元。

A. 153　　B. 162　　C. 170　　D. 187

11. 下列不作为本企业的固定资产核算的是（ ）。

A. 经营租出的固定资产　　B. 投资者投入的固定资产

C. 融资租入的固定资产　　D. 融资租出的固定资产

三、判断题（判断正误并在括号内填√或×）

1. 企业发生的职工培训费应计入产品的"生产成本"。（ ）

2. "库存商品"科目本期借方发生额反映企业本期发出库存商品的售价。（ ）

3. 企业本期发生的各项制造费用都应分配转入"生产成本"科目，"制造费用"科目期末应无余额。（ ）

4. 企业变卖闲置设备的净损益应计入"其他业务收入"。（ ）

5. 企业发生的多种材料共同承担的采购费用，应依据购入材料的重量、体积、买价等分配标准，在购入的各种材料之间进行分配，以便分别记入各种材料的实际采购成本。（ ）

6. "工程物资"账户可按"专用材料""专用设备""工器具"等进行明细核算。（ ）

7. 固定资产在其使用过程中，应当于每月末对固定资产的使用寿命、预计净残值和折旧方法进行复核。（ ）

8. 对于自行建造的固定资产，以建造该固定资产达到预定可使用状态前所发生的部分支出作为其入账价值。（ ）

9. 企业向银行或其他金融机构借入的款项应通过"长期借款"科目进行核算。（ ）

四、综合应用题

1. 甲公司2017年12月发生以下经济业务：

（1）2日，向A公司购入材料一批，价款100,000元，增值税17,000元。材料已验收入库，款项尚未支付。

（2）3日，以银行存款支付上述款项。

（3）4日，接供电部门通知，本月应付电费5,800元，其中生产车间电费4,200元，行政管理部门电费1,600元。

（4）5日，与B公司签订商品销售合同，销售价款20,000元，增值税3,400元。按照合同约定，B公司先通过银行转账预付10,000元，余款在货物验收后付清。

（5）22 日，发出商品，同日收到 B 公司补付的欠款。

要求：根据上述经济业务逐笔编制相关会计分录。

2. 某企业当月应付工资总额为 680,000 元，生产人员工资为 570,000 元，车间管理人员工资为 50,000 元，企业行政管理人员工资为 60,000 元。代扣个人所得税 28,000 元，实发工资总额为 652,000 元。

要求：

（1）编制分配工资的会计分录。

（2）编制发放工资、代扣代垫款项的会计分录。

3. 2017 年 6 月，甲公司某生产车间生产完成 A 产品 200 件和 B 产品 300 件，月末完工产品全部入库。有关生产资料如下：

（1）领用原材料 6,000 吨，其中：A 产品耗用 4,000 吨，B 产品耗用 2,000 吨，该原材料单价为每吨 150 元。

（2）生产 A 产品发生的直接生产人员工时为 5,000 小时，B 产品为 3,000 小时，每工时的标准工资为 20 元。

（3）生产车间发生管理人员工资、折旧费、水电费等 100,000 元，该车间本月仅生产了 A 和 B 两种产品，甲公司采用生产工人工时比例法对制造费用进行分配。假定月初、月末均不存在任何在产品。

要求：

（1）计算 A 产品应分配的制造费用。

（2）计算 B 产品应分配的制造费用。

（3）计算 A 产品当月生产成本。

（4）计算 B 产品当月生产成本。

（5）计算完工产品的总成本。

4. 孙某为某公司职员，2017 年 12 月其个人收入如下（本题中不考虑其他税费）：

（1）当月工资收入 5,000 元（已扣除相关费用），12 月份取得年终奖 30,000 元。

（2）业余时间为某单位进行一项工程设计，取得设计费收入 6,000 元。

（3）12 月 20 日购买福利彩票中奖 5,000 元。

要求：根据所给资料，计算孙某 2017 年 12 月份应缴纳的个人所得税额。

任务 3　销售与利润的核算

一、填空题（请将正确答案填在空白处）

1. “主营业收入”账户贷方登记实现的销售收入，借方登记发生销货退回和期末将实现的销售收入转入“＿＿＿＿＿＿”账户数额；期末结转后无余额。该账户应按照＿＿＿＿＿设置明细分类账簿。

2. 企业销售产品收到货款，按发票的价税合计金额借记“银行存款”或“库存现金”，按发票的不含税金额贷记“____________”，同时，使企业的增值税销项税增加，按发票的税额贷记“______________________________”。

3. 企业采用预收款销售产品收到预收款时，不确认收入，收到预收款，借记“________________”，贷记“________________”。

4. 企业销售产品使库存商品减少，企业应根据存货发出的计价方法，计算发出产品的成本，借记“______________”，贷记“__________________”。

5. 期间费用包括__________________、________________和________________。

6. 营业外收支包括______________和__________________。

7. 净利润是________________与____________________的差额。

二、选择题（请在下列选项中选择一个正确答案并填在括号内）

1. 下列属于“其他业务收入”的是（　　）。

A. 利息收入　B. 出售材料收入　C. 投资收益　D. 清理固定资产净收益

2. “期间费用”账户期末应（　　）。

A. 有借方余额　B. 有贷方余额　C. 没有余额　D. 同时有借贷方余额

3. 下列不属于“营业外支出”的项目是（　　）。

A. 固定资产盘亏损失　B. 非常损失

C. 对外捐赠　D. 坏账损失

4. “本年利润”账户年内的贷方余额表示（　　）。

A. 利润分配额　B. 未分配利润额　C. 净利润额　D. 亏损额

5. 年末结转后，“利润分配”账户的贷方余额表示（　　）。

A. 实现的利润总额　B. 净利润额

C. 利润分配总额　D. 未分配利润额

6. 下列不应计入“其他业务收入”账户的是（　　）。

A. 产品销售收入　B. 材料销售收入

C. 出租无形资产收入　D. 出租固定资产收入

7. 利润分配结束后，“利润分配”总分类科目所属的明细分类科目中只有（　　）有余额。

A. 提取盈余公积　B. 其他转入　C. 应付利润　D. 未分配利润

8. 下列属于“营业外支出”科目核算内容的是（　　）。

A. 行政管理人员的工资　B. 各种销售费用

C. 借款的利息　D. 非常损失

9. 下列项目中，影响营业利润的因素是（　　）。

A. 营业外收入　B. 所得税费用　C. 管理费用　D. 营业外支出

10. 某企业以银行存款支付合同违约金，应借记（　　）科目。

A. 管理费用　B. 销售费用　C. 其他业务成本　D. 营业外支出

11. 某企业收到捐赠款，存入银行，应贷记（　　）科目。

A. 主营业务收入　B. 其他业务收入　C. 营业外收入　D. 营业外支出

12. 所有损益类科目期末都应结转至“（　）”科目，结转后损益类科目无余额。

A. 利润分配——未分配利润　B. 本年利润

C. 实收资本　D. 资本公积

三、判断题（判断正误并在括号内填√或×）

1. 提取盈余公积金和收到外商投入设备的业务都会引起资产和所有者权益同时增加。（　）

2. 主营业务收入实现的标志是与所售商品所有权相关的主要风险和报酬已经转移。（　）

3. “税金及附加”是企业的费用类账户，它用来反映企业应交税金的增加数。（　）

4. “管理费用”是用来核算生产和非生产管理部门发生的工资、福利费、折旧费等的账户。（　）

5. 企业应纳税所得额=净利润±调整项目。（　）

6. “本年利润”科目余额如果在借方，则表示自年初至本期末累计发生的亏损。（　）

7. “本年利润”科目和“利润分配”科目年终结账后，余额都为零。（　）

四、综合应用题

1. 某公司 2017 年 3 月份发生下列部分产品销售业务：

（1）6 日，销售 A 产品 60 件，不含税单价为 1,200 元；销售 B 产品 50 件，不含税单价为 1,800 元；增值税税率为 17%；货款通过银行收讫。

（2）7 日，收到某单位前欠销货款 12,000 元；存入银行。

（3）9 日，销售 A 产品 20 件，不含税单价为 1,200 元；销售 B 产品 10 件，不含税单价为 1,800 元；以银行存款支付代垫运费 600 元，货款尚未收到。

（4）13 日，以现金支付销售 A、B 产品的搬运和装卸费 1,260 元。

（5）23 日，以银行存款 50,000 元支付广告费。

（6）28 日，本月计算城市维护建设税 6,120 元。

要求：根据以上经济业务编制会计分录。

2. 某企业2017年12月发生下列经济业务。

本月各收支类账户的发生额如下：

单位：元

科目名称	借方金额	贷方金额	科目名称	借方金额	贷方金额
主营业务收入		60,000	营业外收入		600
主营业务成本	20,000		营业外支出	200	
税金及附加	8,000		管理费用	3,000	
其他业务收入		2,000	财务费用	1,200	
其他业务成本	1,500		销售费用	2,500	

（1）根据本月各收支类账户发生额结转当期损益。

（2）假设12月初“本年利润”账户为期初贷方余额23,800元，根据全年利润总额的25%计算应交纳的所得税额为12,500元。

（3）结转所得税。

（4）结转净利润。

（5）分别按净利润的10%的比例计提法定盈余公积3,750元。

（6）将盈余公积50,000元转增资本。

要求：根据上述资料编制会计分录。

模块五　会计报表的阅读与分析

一、填空题（请将正确答案填在空白处）

1. 会计报表是以货币为计量单位，综合单位__________和__________的书面文件。

2. 按照会计报表所反映的经济内容分类可分为__________、__________、__________和所有者权益变动表。

3. 按照会计报表编制的时期分类可分为__________、__________和__________。

4. 会计报表的编报要求是__________、__________、__________、__________。

5. 资产负债表是根据__________建立起来的，总括反映某一特定日期（月末、年末）财务状况的会计报表。

6. 资产负债表的结构一般包括__________和__________两部分。

7. 资产负债表表体的格式分为__________和__________。

8. 正常情况下，损益表必须按月编报，利润表揭示了__________、__________和__________三项指标。

9. 财务报表分析的方法有__________和__________等。

10. 基本财务比率分析包括__________、__________、__________和__________等。

二、选择题（请在下列选项中选择一个正确答案并填在括号内）

1. 反映某一特定期间财务成果的报表是（　　）。

A. 资产负债表　　B. 利润表

C. 产品成本表　　D. 财务状况变动表

2. 资产负债表中的资产项目和流动资产项目都是按其（　　）排列。

A. 流动性　　B. 重要性　　C. 有用性　　D. 随意性

3. 资产负债表中“未分配利润”项目是（　　）。

A.“本年利润”账户余额

B.“利润分配”账户余额

C.“本年利润”账户余额-“利润分配”账户余额

D.“本年利润”账户贷方余额-“利润分配”账户借方余额或+“利润分配”账户贷方余额

4. 利润分配表是（　　）的附表。

A. 资产负债表　　B. 利润表

C. 财务状况变动表　　D. 财务状况说明书

5. 我国企业利润表采用（　　）。

A. 账户式　　B. 单步式　　C. 报告式　　D. 多步式

6. 利润分配表中期末未分配利润与（　　）中未分配利润项目的金额应该保持一致。

A. 损益表　　B. 资产负债表

C. 财务状况变动表　　D. 主营业务收支明细表

7. 利润表中的项目应根据总分类账的（　　）填列。

A. 期末余额　　B. 发生额

C. 期初余额　　D. 期初余额+发生额

8. 资产负债是反映企业在（　　）财务状况的报表。

A. 一定时期　　B. 某一特定日期

C. 某一特定时期　　D. 某一会计期间

9. 财务报表应当根据登记完整、核对无误的下列（　　）编制。

A. 账簿记录和其他有关资料　　B. 原始凭证和其他有关资料

C. 记账凭证和其他有关资料　　D. 会计凭证和账簿记录

10. 下列财务报表中属于动态报表的是（　　）。

A. 资产负债表　　B. 利润表

C. 资产负债表附注　　D. 资产减值准备明细表

11. 以下不属于中期报表的是（　　）。

A. 月度报表　　B. 季度报表　　C. 半年度报表　　D. 年度报表

12. 编制资产负债表时，下列项目可根据总分类账户的期末余额直接填列（　　）。

A. 短期借款　　B. 存货　　C. 应收账款　　D. 固定资产

13. 最关心企业盈利情况的会计报表使用者是（　　）。

A. 企业股东　　B. 货物供应商　　C. 企业职工　　D. 企业债权人

14. 最关心企业的偿债能力和支付利息能力的会计报表使用者是（　　）。

A. 税务机关　　B. 企业的债权人　　C. 企业股东　　D. 企业职工

15. 资产负债表中资产的排列顺序是（　　）。

A. 收益率高的资产排在前　　B. 重要的资产排在前

C. 流动性强的资产排在前　　D. 非货币性资产排在前

16. 下列会计报表中，属于内部会计报表的是（　　）。

A. 利润表　　B. 企业资产负债表

C. 现金流量表　　D. 成本费用报表

17. 下列只需要在年度报送的会计报表是（　　）。

A. 利润表　　B. 现金流量表　　C. 利润分配表　　D. 资产负债表

18. 资产负债表是根据（　　），按照一定的标准和次序，将某一时点的资产、负债和所有者权益要素进行分类排列。

A. 记账原理　　B. 复式记账　　C. 会计等式　　D. 借贷记账法

19. 我国资产负债表的格式采用的是（　　）。

A. 账户式　　B. 报告式　　C. 分步式　　D. 多步式

20. 资产负债表是反映会计主体一定日期财务状况的（　　）。

A. 动态报表　　B. 静态报表　　C. 流量报表　　D. 内部报表

21. 一般来说，月度财务会计报告应于月份终了（　　）天内报出。

A. 6　　B. 8　　C. 10　　D. 15

22. 资产负债表的期末数栏数据是根据各科目的（　　）填列。

A. 本期借方发生额　　B. 本期贷方发生额

C. 期末余额　　D. 本期发生额和期末余额结合

23. 如果应付账款账户所属的明细账中有借方余额，则该余额数应填入资产负债表中的（　　）项目。

A. 应收账款　　B. 应付账款　　C. 预收账款　　D. 预付账款

24. 下列属于对外报送的会计报表附表的是（　　）。

A. 现金流量表　　B. 成本报表　　C. 利润表　　D. 利润分配表

25. 流动比率小于1时，赊购原材料若干将会（　　）。

A. 增大流动比率　　B. 降低流动比率

C. 降低营运资金　　D. 增大营运资金

26. 影响资产净利率高低的主要因素不包括（　　）。

A. 产品单价和单位成本　　B. 产量和销量

C. 资金占用量　　D. 股利支付率

27. 某公司年初流动比率为2.1，速动比率为0.9，当年期末流动比率变为1.8，速动比率变为1.1，则（　　）可以解释年初、年末的该种变化。

A. 当年存货增加　　B. 当年存货减少

C. 应收账款的收回速度加快　　D. 更倾向于现金销售，赊销减少

28. 下列各项中，可能导致企业资产负债率变化的经济业务是（　　）。

A. 收回应收账款　　B. 用现金购买债券

C. 接受所有者投资转入的固定资产　　D. 以固定资产对外投资（按账面价值作价）

三、判断题（判断正误并在括号内填√或×）

1. 资产负债表是反映企业某一会计期间财务状况的报表。（　　）

2. 利润表是反映企业在某一特定日期实现的利润和发生的亏损状况的报表。（　　）

3. 财务会计报告即会计报表。（　　）

4. 企业对外提供的会计报表应按照国家规定的统一格式填报。（　　）

5. 资产负债表各项目是根据资产、负债、所有者权益类科目的总账余额填列的。（　　）

6. 我国会计制度规定利润表的格式为多步式，即在最后步骤计算利润总额。（　　）

7. 企业内部会计报表的编制时间、内容和格式都可以根据内部管理的实际需要而定。（　　）

8. 企业在编制会计报表前，一般应进行对账工作，确保账证、账账、账实相符，然后进行账项调整工作。（　　）

9. 利润分配表中的“未分配利润”项目与资产负债表中的“未分配利润”项目存在着钩稽关系，两者在金额上应相等。（　　）

10. 企业进行利润分配的基数为可供分配利润，既包括本年实现的利润，也包括以前年度的累计尚未指定用途的利润。（　　）

11. 会计报表附注是对会计报表的编制基础、编制依据、编制原则和方法及主要项目所做的解释，以便于会计报表使用者理解会计报表的内容。（　　）

12. 资产负债表中的“流动资产”各项目是按照资产的流动性由弱到强排列的。（　　）

13. 正常的速动比率为 1，低于 1 的速动比率被认为是短期偿债能力偏低。（　　）

14. 尽管流动比率可以反映企业的短期偿债能力，但有的企业流动比率较高，却可能没有能力支付到期的应付账款。（　　）

15. 在其他因素不变的情况下，总资产周转率与净资产收益率成正比。（　　）

16. 衡量企业偿还债务能力的直接标志是有足够的利润。（　　）

四、综合应用题

1. 某公司 2016 年年度的资产负债表如下：

资产负债表

2016 年 12 月 31 日　　　　单位：万元

资产		负债及所有者权益	
货币资金	50	应付账款	100
应收账款		长期负债	
存货		实收资本	100
固定资产		留存收益	100
资产合计		负债及所有者权益合计	

其他有关财务指标如下：

（1）长期负债与所有者权益之比：0.5。

（2）销售毛利率：10%。

（3）存货周转率（存货按年末数计算）：9 次。

（4）平均收现期（应收账款按年末数计算，一年按 360 天计算）：18 天。

（5）总资产周转率（总资产按年末数计算）：2.5 次。

要求：根据以上资料计算并填表。

2. 某公司可以免交所得税，2016 年的销售额比 2015 年提高，有关的财务比率如下：

财务比率	2015 年同业平均	2015 年本公司	2016 年本公司
平均收现期(天)	35	36	36
存货周转率	2. 50	2. 59	2. 11
销售毛利率	38%	40%	40%
销售息税前利润率	10%	9. 6%	10. 63%
销售利息率	3. 73%	2. 4%	3. 82%
销售净利率	6. 27%	7. 2%	6. 81%
总资产周转率	1. 14	1. 11	1. 07
固定资产周转率	1. 4	2. 02	1. 82
资产负债率	58%	50%	61. 3%
已获利息倍数	2. 68	4	2. 78

要求：

（1）运用财务分析原理，比较 2015 年公司与同业平均的净资产收益率，定性分析其差异的原因。

（2）运用财务分析原理，比较本公司 2016 年与 2015 年的净资产收益率，定性分析其变化的原因。

3. ABC 公司近三年的主要财务数据和财务比率如下：

财务比率	2015 年	2016 年	2017 年
销售额(万元)	4,000	4,300	3,800
总资产(万元)	1,430	1,560	1,695
普通股(万元)	100	100	100
保留盈余(万元)	500	550	550
所有者权益合计	600	650	650
流动比率	1.19	1.25	1.20
平均收现期(天)	18	22	27
存货周转率	8.0	7.5	5.5
债务/所有者权益	1.38	1.40	1.61
长期债务/所有者权益	0.5	0.46	0.46
销售毛利率	20.0%	16.3%	13.2%
销售净利率	7.5%	4.7%	2.6%
总资产周转率	3.00	2.88	2.33
总资产净利率	22.5%	13.54%	6.06%

假设该公司所得税率为 30%，利润总额=毛利-期间费用。

要求：

（1）分析说明总资产净利率下降的原因。

（2）分析说明总资产周转率下降的原因。

（3）计算 2016 年和 2017 年的毛利、期间费用、利润总额和净利润，并说明销售净利率下降的原因。

（4）分析说明该公司的资金来源。

（5）分析公司的股利支付比例。

（6）假如你是该公司的财务经理，在 2018 年应从哪些方面改善公司的财务状况和经营业绩。

综合试卷一

一、填空题（请将正确答案填在空白处，每空1分，共20分）

1. 会计的六大要素包括______、______、______、______、______和______。

2. 会计科目按其所提供信息的详细程度可分为____________、____________。

3. 单位工作人员因公出差而向单位财务部门提前借取现金或现金支票时所填写的申请单据是__________。

4. 试算平衡具体包括______________和____________两种方法。

5. 签发支票应使用________、________或________填写，未按规定填写或被涂改冒领的，由收签发人负责。

6. 原始凭证按填制次数可分为______________、______________。

7. 记账凭证账务处理程序的特点是____________________和____________________。

8. 普通发票可分为____________和____________两种。

二、选择题（请在下列选项中选择一个正确答案并填在括号内，每题2分，共20分）

1. 原材料明细分类账的账页格式一般采用（　　）。

A. 三栏式　　B. 多栏式　　C. 数量金额式　　D. 活页式

2. 下列属于资产类的会计科目是（　　）。

A. 预收账款　　B. 利润分配　　C. 预付账款　　D. 其他业务支出

3. 引起资产和负债同时增加的经济业务是（　　）。

A. 收到外单位捐赠的设备一台　　B. 从税后利润中提取盈余公积

C. 以资本公积金转增资本　　D. 从银行取得短期借款一项

4. 下列各项中，属于产品生产成本项目的是（　　）。

A. 外购动力费用　　B. 制造费用

C. 工资费用　　D. 折旧费用

5. 各种账务处理程序的不同之处主要表现在（　　）的依据和方法不同。

A. 编制记账凭证　　B. 登记各种明细分类账

C. 登记总分类账　　D. 登记现金日记账和银行存款日记账

6. 记账以后发现记账凭证中应借应贷符号、科目有错误时，可以采用的更正方法是（　　）。

A. 划线更正法　　B. 红字更正法　　C. 补充登记法　　D. 重新登记法

7. 会计的基本职能是（　　）。

A. 会计预测　　B. 会计核算和会计监督

C. 会计决策　　D. 会计控制和会计分析

8. 下列各项目中，属于外来原始凭证的是（　　）。

A. 领料单　　B. 收料单　　C. 支票存根　　D. 购货时取得的发票

9. 投资者投入股份有限公司的固定资产应贷记（　　）。

A. 盈余公积　　B. 资本公积　　C. 股本　　D. 未分配利润

10. 将会计凭证划分为原始凭证和记账凭证两大类的主要依据是凭证（　　）。

A. 填制的时间　　B. 填制的人员

C. 填制的程序和用途　　D. 反映的经济内容

三、判断题（判断正误并在括号内填√或×，每题2分，共20分）

1. 外来原始凭证一般都是一次凭证。（　　）

2. 账簿中的序时账簿、分类账簿和备查账簿都是编制会计报表的主要依据。（　　）

3. 权益分为负债和所有者权益，所有者权益优先于负债。（　　）

4. 所有经济业务的发生，都会引起会计等式两边发生变化。（　　）

5. 一个账户的借方如果用来记录增加额，其贷方一定用来记录减少额。（　　）

6. 账簿要用蓝、黑墨水笔登记，不能用铅笔和圆珠笔登记，红墨水笔只能在结账时使用。（　　）

7. 年所得12万元以上者，应当按照规定到主管税务机关办理纳税申报。（　　）

8. 账务处理程序不同，现金日记账、银行存款日记账登记的依据不同。（　　）

9. 所有总分类账户下都必须开设明细分类账户。（　　）

10. 凡支付的增值税都应计入物料成本。（　　）

四、综合应用题（共40分）

阳阳公司2016年8月初有关账户余额见下表。

单位：元

资　产	金　额	负债及所有者权益	金　额
现金	1,500	短期借款	190,000
银行存款	80,000	应付账款	142,500
原材料	85,000	应交税费	14,000
应收账款	47,700	长期借款	106,000
库存商品	62,000	实收资本	340,200
生产成本	20,500	资本公积	114,000
长期投资	110,000	盈余公积	60,000
固定资产	560,000		
合　计	966,700	合　计	966,700

要求：根据以下资料编制会计分录，并编制余额试算平衡表（每个会计分录5分，余额试算平衡表10分）。

（1）从洪阳工厂购入B材料200吨，价款120,000元，增值税进项税额20,400元，均未支付，货物尚未运到。

记　账　凭　证

年　　月　　日　　　　　　　　　　第　　号

摘　要	总账科目	明细科目	借方金额									贷方金额									√
			百	十	万	千	百	十	元	角	分	百	十	万	千	百	十	元	角	分	
附件　张	合　计																				

会计主管：　　　会计：　　　记账：　　　审核：　　　制单：

（2）从银行提取现金3,000元。

记　账　凭　证

年　　月　　日　　　　　　　　　　第　　号

摘　要	总账科目	明细科目	借方金额									贷方金额									√
			百	十	万	千	百	十	元	角	分	百	十	万	千	百	十	元	角	分	
附件　张	合　计																				

会计主管：　　　会计：　　　记账：　　　审核：　　　制单：

（3）投资者投入企业原材料一批，增值税专用发票上注明价款为20,000元，增值税1,400元。

记　账　凭　证

年　　月　　日　　　　　　　　　　第　　号

摘　要	总账科目	明细科目	借方金额									贷方金额									√
			百	十	万	千	百	十	元	角	分	百	十	万	千	百	十	元	角	分	
附件　张	合　计																				

会计主管：　　　会计：　　　记账：　　　审核：　　　制单：

（4）生产车间领用甲材料一批，价值30,000元，用于生产A产品。

记 账 凭 证

年　月　日　　　　　　　　　　第　　号

摘　要	总账科目	明细科目	借方金额									贷方金额									√
			百	十	万	千	百	十	元	角	分	百	十	万	千	百	十	元	角	分	
附件　张	合　计																				

会计主管：　　会计：　　记账：　　审核：　　制单：

（5）以银行存款34,500元偿还供货单位供货款。

记 账 凭 证

年　月　日　　　　　　　　　　第　　号

摘　要	总账科目	明细科目	借方金额									贷方金额									√
			百	十	万	千	百	十	元	角	分	百	十	万	千	百	十	元	角	分	
附件　张	合　计																				

会计主管：　　会计：　　记账：　　审核：　　制单：

（6）向银行取得长期借款350,000元，存入银行。

记 账 凭 证

年　月　日　　　　　　　　　　第　　号

摘　要	总账科目	明细科目	借方金额									贷方金额									√
			百	十	万	千	百	十	元	角	分	百	十	万	千	百	十	元	角	分	
附件　张	合　计																				

会计主管：　　会计：　　记账：　　审核：　　制单：

（7）以银行存款上交印花税2,000元。

记 账 凭 证

年 月 日 第 号

摘　要	总账科目	明细科目	借方金额									贷方金额									√
			百	十	万	千	百	十	元	角	分	百	十	万	千	百	十	元	角	分	
附件　张	合　计																				

会计主管：　会计：　记账：　审核：　制单：

（8）向银行借入短期借款50,000元，存入银行存款户。

记 账 凭 证

年 月 日 第 号

摘　要	总账科目	明细科目	借方金额									贷方金额									√
			百	十	万	千	百	十	元	角	分	百	十	万	千	百	十	元	角	分	
附件　张	合　计																				

会计主管：　会计：　记账：　审核：　制单：

（9）收到购货单位前欠货款12,000元。

记 账 凭 证

年 月 日 第 号

摘　要	总账科目	明细科目	借方金额									贷方金额									√
			百	十	万	千	百	十	元	角	分	百	十	万	千	百	十	元	角	分	
附件　张	合　计																				

会计主管：　会计：　记账：　审核：　制单：

（10）以银行存款80,000元，归还银行短期借款。

记 账 凭 证

年　　月　　日　　　　　　　　　　　　第　　号

摘　要	总账科目	明细科目	借方金额									贷方金额									√
			百	十	万	千	百	十	元	角	分	百	十	万	千	百	十	元	角	分	
附件　　张	合　计																				

会计主管：　　会计：　　记账：　　审核：　　制单：

编制余额试算平衡表。

余额试算平衡表

年　　月　　　　　　　　单位：元

会计科目	期初余额		本期发生额		期末余额	
	借方	贷方	借方	贷方	借方	贷方

续表

会计科目	期初余额		本期发生额		期末余额	
	借方	贷方	借方	贷方	借方	贷方
合计						

综合试卷二

一、填空题（请将正确答案填在空白处，每空1分，共20分）

1. 会计方法包括____________、____________和____________三种。

2. 账户按其提供信息详细程度的不同可分为____________和____________。

3. 会计分录按照所涉及账户的多少可分为____________和____________。

4. 个人所得税的征收方式主要有两种：一是____________，二是____________。

5. 印花税的纳税方法包括____________、____________和____________。

6. 本期应纳增值税额=____________-____________。

7. 出差人员返回后报销时向财务人员提供的车票、住宿费发票、用餐发票等为__________________凭证。

8. 购入不需要安装的固定资产，使企业资产增加，借记“__________”，支付的增值税，借记“__________”，同时，企业以银行存款支付款项，贷记“__________”。

9. 费用按经济用途可分为____________和____________。

二、选择题（请在下列选项中选择一个正确答案并填在括号内，每题2分，共20分）

1. 下列各项经济业务中，引起资产和负债同时减少的是（　　）。

A. 购入原材料10吨，价款计10,000元暂欠

B. 以银行存款偿付前欠甲工厂材料款20,000元

C. 收到投资者缴来的出资款100,000元存入银行

D. 从银行提取现金100,000元

2. 下列各账户中，一般采用多栏式账簿进行明细分类核算的是（　　）。

A. 短期借款　　B. 原材料　　C. 管理费用　　D. 物资采购

3. 企业本期发生的下列支出中，不能直接或间接归入营业成本，而是直接计入当期损益费用的是（　　）。

A. 车间管理人员工资　　B. 业务招待费

C. 生产车间水电费　　D. 在建工程人员工资

4. 把账户分为借贷两方，哪一方记增加数，哪一方记减少数，要根据（　　）。

A. 记账规则　　B. 记账形式

C. 核算方法　　D. 账户反映的经济内容

5. 购买方支付的进项税额，就是销售方收取得的（　　）。

A. 销售额　B. 利润额　C. 销项税额　D. 营业额

6. 下列各项中，不计入产品成本费用的是（　）。

A. 直接材料费用　B. 辅助车间管理人员工资

C. 车间厂房折旧费　D. 厂部办公楼折旧费

7. 平行登记法是指同一项经济业务在（　）。

A. 汇总凭证与有关账户之间登记

B. 各有关总分类账户中登记

C. 各有关明细分类账户中登记

D. 总分类账户及其所属明细分类账户之间登记

8. 在结账之前，如果发现账簿记录有错误，而记账凭证填制正确，更正时可用（　）。

A. 红字更正法　B. 划线更正法

C. 补充登记法　D. 更换账页法

9. 总括反映企业在一定会计期间内利润实际形成情况的会计报表，称为（　）。

A. 资产负债表　B. 利润表

C. 利润分配表　D. 现金流量表

10. 企业4月末负债总额200万元，5月份赊购材料10万元，收回外单位欠款20万元，用存款偿还银行借款10万元，则5月末企业的负债总额为（　）万元。

A. 200　B. 180

C. 190　D. 210

三、判断题（判断正误并在括号内填√或×，每题2分，共20分）

1. 资产是一种经济资源，具体表现为具有各种实物形态的财产。（　）

2. 通过试算平衡表检查账簿记录时，只要试算平衡了，就可以肯定账簿记录没有错误。（　）

3. 转账凭证不能反映现金、银行存款的增减变动。（　）

4. 生产成本明细账和管理费用明细账的格式适宜采用多栏式。（　）

5. 财务费用、管理费用、营业费用和制造费用均属于期间费用，无须在有关产品之间进行分配，应于期末直接计入当期损益。（　）

6. 小规模纳税人的两档征收率是6%和13%。（　）

7. 成本会计的对象概括地讲，就是产品的生产成本。（　）

8. 对账的具体内容就是账证核对、账账核对和账实核对，账实核对应采用盘点法进行。（　）

9. 科目汇总表、汇总记账凭证和汇总原始凭证都属于记账凭证。（　）

10. 若企业提交银行的各种结算凭证填错了金额，则应采用划线更正法予以纠正，不得随意涂改、刮擦或挖补。（　）

四、综合应用题（共40分）

1. 根据下列记账凭证登记银行存款账并结账。

记 账 凭 证

2017年4月10日　　　　第 1 号

摘要	总账科目	明细科目	借方金额									贷方金额									√
			百	十	万	千	百	十	元	角	分	百	十	万	千	百	十	元	角	分	
从银行提取现金	库存现金					5	0	0	0	0	0										
	银行存款														5	0	0	0	0	0	
附件　张	合　计				¥	5	0	0	0	0	0			¥	5	0	0	0	0	0	

会计主管：　　会计：　　记账：　　审核：　　制单：

记 账 凭 证

2017年4月12日　　　　第 2 号

摘要	总账科目	明细科目	借方金额									贷方金额									√
			百	十	万	千	百	十	元	角	分	百	十	万	千	百	十	元	角	分	
取得临时借款	银行存款			1	5	0	0	0	0	0	0										
	短期借款												1	5	0	0	0	0	0	0	
附件　张	合　计		¥	1	5	0	0	0	0	0	0	¥	1	5	0	0	0	0	0	0	

会计主管：　　会计：　　记账：　　审核：　　制单：

记 账 凭 证

2017年4月13日　　　　第 3 号

摘要	总账科目	明细科目	借方金额									贷方金额									√
			百	十	万	千	百	十	元	角	分	百	十	万	千	百	十	元	角	分	
交电费	应付账款					3	4	0	0	0	0										
	银行存款														3	4	0	0	0	0	
附件　张	合　计				¥	3	4	0	0	0	0			¥	3	4	0	0	0	0	

会计主管：　　会计：　　记账：　　审核：　　制单：

记 账 凭 证

2017 年 4 月 19 日　　　　第 4 号

摘　要	总账科目	明细科目	借方金额									贷方金额									√
			百	十	万	千	百	十	元	角	分	百	十	万	千	百	十	元	角	分	
买办公用品	管理费用					5	2	0	0	0	0										
	银行存款														5	2	0	0	0	0	
附件　张	合　计				¥	5	2	0	0	0	0			¥	5	2	0	0	0	0	

会计主管：　会计：　记账：　审核：　制单：

记 账 凭 证

2017 年 4 月 25 日　　　　第 5 号

摘　要	总账科目	明细科目	借方金额									贷方金额									√
			百	十	万	千	百	十	元	角	分	百	十	万	千	百	十	元	角	分	
支付材料款	材料采购				5	8	0	0	0	0	0										
	银行存款													5	8	0	0	0	0	0	
附件　张	合　计			¥	5	8	0	0	0	0	0		¥	5	8	0	0	0	0	0	

会计主管：　会计：　记账：　审核：　制单：

记 账 凭 证

2017 年 4 月 30 日　　　　第 6 号

摘　要	总账科目	明细科目	借方金额									贷方金额									√
			百	十	万	千	百	十	元	角	分	百	十	万	千	百	十	元	角	分	
付银行借款利息	财务费用					3	5	0	0	0	0										
	银行存款														3	5	0	0	0	0	
附件　张	合　计				¥	3	5	0	0	0	0			¥	3	5	0	0	0	0	

会计主管：　会计：　记账：　审核：　制单：

总第　　页　分第　　页

银 行 存 款

________级科目编号及名称________

年		凭证号数	摘　要	借方										贷方										借或贷	余额									
月	日			百	十	万	千	百	十	元	角	分	√	百	十	万	千	百	十	元	角	分	√		百	十	万	千	百	十	元	角	分	√
3	1		期实余额																					借	1	8	0	0	0	0	0	0	0	

2. 对下列业务进行错账更正。

2017 年 3 月 20 日，采购员李某以银行存款购买原材料，取得的增值税专用发票上注明：货物金额 300,000 元，增值税 51,000 元。公司的王会计据此填制了以下记账凭证，并登记了原材料和银行存款，指出错误之处，并进行错账更正。

记 账 凭 证

2017 年 3 月 20 日　　　　第　4　号

摘　要	总账科目	明细科目	借方金额									贷方金额									√
			百	十	万	千	百	十	元	角	分	百	十	万	千	百	十	元	角	分	
买原材料	原材料				3	5	1	0	0	0	0										
	银行存款													3	5	1	0	0	0	0	
附件　　张	合　　计			¥	3	5	1	0	0	0	0		¥	3	5	1	0	0	0	0	

会计主管：　　会计：　　记账：　　审核：　　制单：

银 行 存 款

总第　　页　分第　　页

__________级科目编号及名称__________

年		凭证号数	摘　要	借　方										贷　方										借或贷	余　额									
月	日			百	十	万	千	百	十	元	角	分	√	百	十	万	千	百	十	元	角	分	√		百	十	万	千	百	十	元	角	分	√
3	1		期实余额																					借	1	3	0	0	0	0	0	0	0	
略			略													4	0	0	0	0	0	0		借	1	2	6	0	0	0	0	0	0	
3	20	4	购入材料													3	5	1	0	0	0	0		借	1	2	2	4	9	0	0	0	0	

原 材 料

总第　　页　分第　　页

__________级科目编号及名称__________

年		凭证号数	摘　要	借　方										贷　方										借或贷	余　额									
月	日			百	十	万	千	百	十	元	角	分	√	百	十	万	千	百	十	元	角	分	√		百	十	万	千	百	十	元	角	分	√
3	1		期初余额																					借			5	0	0	0	0	0	0	
略			略													4	0	0	0	0	0	0		借			1	0	0	0	0	0	0	
3	20	4	购入材料		3	5	1	0	0	0	0													借			4	5	0	0	0	0	0	

3. 朵朵股份有限公司 2017 年度有关账户的发生额资料如下：

单位：元

主营业务收入	402,000	财务费用	5,400	管理费用	55,000
主营业务成本	200,800	销售费用	13,000	营业外收入	10,000
税金及附加	20,600	投资收益	3,200	营业外支出	15,000
其他业务收入	2,500	其他业务成本	4,800	所得税费用	32,000

要求：计算下列利润指标。

（1）利润总额。

（2）净利润。

综合试卷三

一、填空题（请将正确答案填在空白处，每空1分，共20分）

1. 在复式记账法中，由于采用的记账符号和记账规则不同，又分为________、________和__________。

2. 我国会计科目的编号一般采用__________编号法。

3. 资产按照流动性可分为____________和____________。

4. 转账支票包括____________和______________两部分。

5. 账务处理程序也称“会计核算组织程序”或“会计核算形式”，是将______、______记账程序和方法有机结合起来的一种组织方式。

6. 账实核对就是将企业财产物资的______________与______________进行核对。

7. 进货成本指为取得某种存货而支出的成本，主要由_____________和_____________等构成。

8. 记账凭证根据不同的用途可以分为__________、__________和__________三种。

9. 期间费用包括__________、__________和__________。

二、选择题（请在下列选项中选择一个正确答案并填在括号内，每题2分，共20分）

1. 企业年初所有者权益500万元，年内接受捐赠资产45万元，本年实现利润100万元，所得税率33%，按10%提取盈余公积，决定向投资者分配利润30万元，则年末所有者权益为（　　）万元。

A. 575.3　　B. 551.7　　C. 582　　D. 645

2. “本年利润”账户年内的贷方余额表示（　　）。

A. 利润分配额　　B. 未分配利润额　　C. 净利润额　　D. 亏损额

3. 某权益类账户期初余额为4,000元，借方本期发生额为10,000元，期末余额为6,000元，则该账户贷方本期发生额为（　　）元。

A. 8,000　　B. 20,000　　C. 0　　D. 12,000

4. 损益类科目通常在期末（　　）。

A. 有借方余额　　B. 没有余额　　C. 有贷方余额　　D. 余额方向不确定

5. 原始凭证按其来源分类，可分为（　　）。

A. 一次凭证和累计凭证　　B. 单式凭证和复式凭证

C. 外来凭证和自制凭证　　D. 收款凭证和付款凭证

6. 下列属于其他业务收入的是（　　）。

A. 利息收入　　B. 出售材料收入　　C. 投资收益　　D. 清理固定资产净收益

7. 甲单位代乙公司偿还 50,000 元银行借款，并同意作为对乙公司的追加投资，则对于乙公司（　　）。

A. 资产和负债同增 50,000 元

B. 资产增加和负债减少 50,000 元

C. 负债减少和所有者权益增加 50,000 元

D. 负债增加和所有者权益减少 50,000 元

8. 企业 1—12 月累计实现利润总额 425,000 元，1—11 月累计已交所得税 101,750 元，所得税率 33%，则企业全年净利润额是（　　）元。

A. 140,250　　B. 38,500　　C. 101,750　　D. 284,750

9. 下列经济业务不改变企业资产总额的是（　　）。

A. 赊购一台设备　　B. 向银行借入款项

C. 接受某企业投资　　D. 用银行存款向某企业投资

10. 下列各项中应计入管理费用的是（　　）。

A. 银行借款的利息支出　　B. 银行存款的利息收入

C. 企业的技术开发费　　D. 车间管理人员的工资

三、判断题（判断正误并在括号内填√或×，每题 2 分，共 20 分）

1. 外来原始凭证一般都是一次凭证。（　　）

2. 账簿中的序时账簿、分类账簿和备查账簿都是编制会计报表的主要依据。（　　）

3. 账务处理程序不同，现金日记账、银行存款日记账登记的依据不同。（　　）

4. 科目汇总表属于汇总记账凭证。（　　）

5. 每个明细分类账户余额的方向总是同其所属的总分类账户的余额方向相同。（　　）

6. 企业的资产来源于所有者和债权人，所有者和债权人都有权要求企业偿还他们。（　　）

7. 用资本公积金转增资本不影响所有者权益总额的变化，但会使企业净资产减少。（　　）

8. 为了正确计算产品成本，应该也可能绝对正确地划分完工产品与在产品的费用界限。（　　）

9. 会计人员填制记账凭证，一定要有原始凭证作为依据。（　　）

10. “管理费用”是用来核算生产和非生产管理部门发生的工资、福利费、折旧费等的账户。（　　）

四、综合应用题（共 40 分）

1. 甲公司 2017 年 9 月发生以下经济业务：

（1）2 日，向 A 公司购入材料一批，价款 10,000 元，增值税 1,700 元。材料已验收入库，款项尚未支付。

（2）3 日，以银行存款支付上述款项。

（3）4 日，预收 B 公司货款 10,000 元存入银行。

（4）5 日，向 B 公司发出商品，销售价款 20,000 元，增值税 3,400 元。

（5）15 日，收到 B 公司补付的货款。

（6）分配本月电费 5,800 元，其中：生产车间电费 4,200 元，行政管理部门电费 1,600 元。

要求：根据上述经济业务逐笔编制相关会计分录。

2. 某企业当月应付工资总额为 680,000 元，产品生产人员工资为 570,000 元，车间管理人员工资为 50,000 元，企业行政管理人员工资为 60,000 元。扣除企业已为职工代垫的医药费 2,000 元和受房管部门委托代扣的职工房租 26,000 元，以网银发放工资 652,000 元。

要求：编制计提工资、发放工资及将制造费用结转至生产成本的会计分录。

综合试卷四

一、填空题（请将正确答案填在空白处，每空1分，共20分）

1. 会计具有多种职能，但会计核算和__________职能是会计的两大基本职能。

2. 会计科目按其提供核算指标详细程度有______________和______________。

3. 资产类账户的借方记录资产的__________，贷方记录__________，期末余额一般在__________。

4. 由本单位内部经办业务的部门或个人，在完成某项经济业务时自行填制的凭证称为________。

5. 按照经济业务发生的时间先后顺序，逐日逐笔连续登记的账簿称为____________。

6. 明细分类账的格式一般有__________、____________和____________三种。

7. 原始凭证按其来源可分为__________、____________。

8. 期间费用包括________________、________________和______________。

9. 费用按经济用途可分为______________和______________。

10. 企业采用预收款销售产品收到预收款时，收到预收款，借记“_______________”，贷记“_______________”。

二、选择题（请在下列选项中选择一个正确答案并填在括号内，每题2分，共20分）

1. 会计主要是从（　　）反映经济活动。

A. 全生产经营过程　　B. 数量方面
C. 实物方面　　D. 价值量方面

2. 收益类账户的结构与资产类账户的结构（　　）。

A. 一致　　B. 相反　　C. 基本相同　　D. 无关

3. 下列不属于会计凭证的项目是（　　）。

A. 出差住宿收据　　B. 收款凭证　　C. 购货合同　　D. 银行结算凭证

4. 通用记账凭证的填制方法与（　　）的填制方法相同。

A. 收款凭证　　B. 付款凭证　　C. 转账凭证　　D. 累计凭证

5. 据以编制记账凭证的原始凭证必须是（　　）。

A. 自制的　　B. 累计填制的
C. 经审核的和合法的　　D. 带有附件的

6. 多栏式现金日记账属于（　　）。

A. 备查账簿　　B. 序时账簿　　C. 分类账簿　　D. 联合账簿

7. 某企业开出 600 元转账凭证支票一张，以支付购买的办公用品。编制记账凭证时，误记金额为 6,000 元，应采用的更正方法是（　　）。

A. 补充登记法　　B. 红字更正法　　C. 划线更正法　　D. 以上方法皆可以使用

8. 贷方多栏式明细分类账户一般适用于（　　）。

A. 财务费用　　B. 材料采购　　C. 产品销售收入　　D. 本年利润

9. 下列不作为本企业的固定资产核算的是（　　）。

A. 经营租出的固定资产　　B. 投资者投入的固定资产

C. 融资租入的固定资产　　D. 融资租出的固定资产

10. 下列费用不构成产品成本的有（　　）。

A. 直接材料费　　B. 直接人工费　　C. 期间费用　　D. 制造费用

三、判断题（判断正误并在括号内填√或×，每题 2 分，共 20 分）

1. 企业获得资产的途径只能由所有者投资形成。（　　）

2. 某账户期末结账后若无余额，则该账户不是收入成本类账户，就是费用成本类账户。（　　）

3. 记账凭证核算程序一般适用规模较大、经济业务较多的企业。（　　）

4. 采用科目汇总表核算程序，不仅可以简化登记总分类账工作，而且便于检查和分析经济业务。（　　）

5. 监督职能是会计的最基本职能。（　　）

6. 利润总额扣除所得税后的利润为净利润，也称税后利润。（　　）

7. “销售费用”“管理费用”“制造费用”“财务费用”等账户都属于费用账户。（　　）

8. 会计人员发现原始凭证记载内容不全，应进行补充齐全后才能据以编制记账凭证。（　　）

9. 除结账和更正错账外，一律不得用红色墨水笔登记账簿。（　　）

10. 投资者投入的固定资产应将价税合计金额计入“固定资产”账户。（　　）

四、综合应用题（共 40 分）

1. 2017 年 9 月 5 日，采购处蒋珊预借差旅费 3,000 元。请为蒋珊填写借款单，并根据借款填写记账凭证。

借　　款　　单

年　　月　　日

<table>
<tr><td colspan="3">借款单位：</td></tr>
<tr><td colspan="3">借款理由：</td></tr>
<tr><td colspan="3">借款数额：人民币（大写）</td></tr>
<tr><td colspan="2">本单位负责人意见：</td><td>借款人：</td></tr>
<tr><td>会计主管核批：</td><td>付款方式：</td><td>出纳：</td></tr>
</table>

记 账 凭 证

年　月　日　　　　　　　　　　　　第　　号

摘　要	总账科目	明细科目	借方金额									贷方金额									√
			百	十	万	千	百	十	元	角	分	百	十	万	千	百	十	元	角	分	
附件　张	合　计																				

会计主管：　　会计：　　记账：　　审核：　　制单：

2. 中国公民李某是正处级职员，工龄20年，2017年其个人收入如下：

（1）11月份工资收入20,000元，含津贴200元/月，通信费补助200元/月，公有住房提租增发补贴200元，按照国家或地方政府规定的比例提取并向指定金融机构实际缴付的住房公积金100元，市内误餐补贴150元、托儿补助费40元。11月份取得年终奖24,000元。

（2）业余时间为甲公司进行一项工程设计，取得设计费收入50,000元，将其中20,000元通过民政部门捐赠给灾区。

根据所给资料，依据个人所得税的有关规定，回答下列相关问题。

（1）李某2017年11月份的工资和奖金收入应缴纳的个人所得税是多少？

（2）李某取得的设计费收入应缴纳的个人所得税是多少？

综合试卷五

一、填空题（请将正确答案填在空白处，每空1分，共20分）

1. 所有者权益是指企业____________扣除____________后由所有者享有的剩余权益，又称____________。

2. 应收账款的成本包括____________、____________和____________。

3. 所谓 ABC 管理法也称 ABC 制度，是将存货按其成本、____________、____________和____________等标准划分为 A、B、C 三类。

4. 支票的持票人应当自出票日起____________内提示付款；异地使用的支票，其提示付款的期限由____________另行规定。

5. 科目汇总表账务处理程序的特点是定期地将所有记账凭证汇总编制成____________，然后，再根据____________记总分类账。

6. 常见的错账更正方法有____________、____________和____________三种。

7. 个人所得税的征收方式主要有两种，一是____________，二是____________。

8. 净利润是____________与____________的差额。

二、选择题（请在下列选项中选择一个正确答案并填在括号内，每题2分，共20分）

1. 企业收到投资者货币资金投资，一方面使“银行存款”增加，另一方面增加的是（　　）。

A. “资本公积”　B. “营业外收入”　C. “盈余公积”　D. “长期借款”

2. 由过去的交易或事项形成并预期会导致经济利益流出企业的现实义务称为（　　）。

A. 资产　B. 负债　C. 所有者权益　D. 费用

3. 下列内容中，原始凭证上一般所不具备的内容是（　　）。

A. 填制凭证日期　B. 经济业务内容　C. 会计分录　D. 有关人员签章

4. 记账后，若发现记账凭证中将 8,900 元误记为 9,800 元，应采用的更正方法是（　　）。

A. 红字更正法　B. 补充登记法　C. 划线更正法　D. 差额调整法

5. 账户中在会计期末时应转入下期的金额指标是（　　）。

A. 本期增加发生额　B. 本期减少发生额　C. 期末余额　D. 期初余额

6. 反映企业经营成果的会计报表是（　　）。

A. 资产负债表　B. 利润表　C. 利润分配表　D. 制造成本表

7. 下列各项中，不属于会计账户的是（　　）。

A. 累计折旧　　B. 短期借款　　C. 货币资金　　D. 应收账款

8. 下列各项中，属于工业企业费用要素的是（　　）。

A. 工资及福利费　　B. 燃料及动力　　C. 工资费用　　D. 原材料

9. 金额102,500.78元的汉字大写应为（　　）。

A. 拾万零贰仟伍佰元柒角捌分　　B. 壹拾万零贰仟伍佰元零柒角捌分

C. 壹拾万零贰仟伍佰元柒角捌分　　D. 壹拾万贰千伍佰元零柒角捌分

10. “应付职工薪酬”账户是核算应付给职工的（　　）。

A. 工资及福利费　　B. 困难补助　　C. 职工教育经费　　D. 工会经费

三、判断题（判断正误并在括号内填√或×，每题2分，共20分）

1. 能带来预期经济利益的资源一定是企业的资产。（　　）
2. 记账凭证的填制日期不一定就是经济业务发生的日期。（　　）
3. 相同性质的账户其基本结构也一定是相同的。（　　）
4. 借贷记账法的记账规则是：有借必有贷，借贷必相等。（　　）
5. 企业购进财产物资时应根据交易合同作为记账依据。（　　）
6. 借贷必相等，是指任何账户的借方发生额与其贷方发生额必然相等。（　　）
7. 本年利润账户余额如果在借方表示亏损，在贷方表示赢利。（　　）
8. 一般纳税人的增值税账户应在“应交增值税”明细科目下再按规定分设专栏。（　　）
9. 现金支票只能用于支取现金，不能用于转账，但可以背书转让。（　　）
10. 公司主管人员在特殊情况下借款可以不填写借款单。（　　）

四、综合应用题（共40分）

1. 2017年10月，甲公司生产A产品200件和B产品300件，月末完工产品全部入库。有关生产资料如下：

（1）领用原材料6,000吨，其中A产品耗用4,000吨，B产品耗用2,000吨，该原材料单价为每吨150元。

（2）生产A产品发生的直接生产人员工时为5,000小时，B产品为3,000小时，每工时的标准工资为20元。

（3）生产车间发生管理人员工资、折旧费、水电费等共100,000元，该车间本月仅生产了A和B两种产品，甲公司采用生产工人工时比例法对制造费用进行分配。假定月初、月末均不存在任何在产品。

要求：计算A、B产品应分配的制造费用、产成品的成本并编制结转完工产品成本的会计分录。

2. 某中国公民在10月份取得工资收入2,200元；因投资股票在当月分得股息1,000元；在该月卖掉另一城市其父母留给他的房子一处，取得转让收入120,000元，而该房屋原价为60,000元，卖房时支付有关税费6,000元，广告费3,000元，请问该公民10月份应纳多少个人所得税？